TRAITÉ
DES SONS
DE LA LANGUE FRANÇOISE.

X   11763

X · 1257 · porté
☩ · A ·

par l'abbé Boullietté

TRAITÉ DES SONS
DE LA LANGUE FRANÇOISE,
ET
DES CARACTERES
QUI LES REPRÉSENTENT.

avec un traité de la maniere d'enseigner à lire servant de IIIᵉ partie au traité des Sons.

A PARIS,
Chez JEAN-THOMAS HÉRISSANT, Libraire,
rue S. Jacques, à S. Paul & à S. Hilaire.

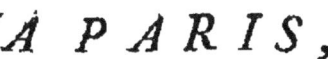

M. DCC. LX.
Avec Approbation & Privilége du Roi.

PRÉFACE.

LA principale cause des difficultés qu'éprouvent, & ceux qui apprennent à lire, & les Maîtres qui les instruisent, vient de ce que l'on n'a que des idées très confuses sur la nature des Sons de la Langue Françoise, & des Caracteres qui les représentent. On ne connoît pas assez distinctement le nombre précis des Voyelles & celui des Consonnes : on confond les Lettres avec les Sons dont elles ne sont que les signes : on croit appercevoir plusieurs Sons dans un assemblage de Lettres, qui le plus souvent ne représente qu'un Son très simple.

PRÉFACE.

Depuis quelques années, plusieurs personnes se sont appliquées à débrouiller ces objets, & ont, en conséquence, donné différentes Méthodes pour apprendre à lire, bien différentes des anciennes. Quelques-unes sont très estimables, & donnent de grandes facilités. Mais il n'y en a aucune où tous les principes soient suffisamment détaillés, & exposés dans un ordre qui puisse les faire aisément saisir par les Maîtres & par les Disciples. De sorte qu'on peut dire, comme l'a remarqué M. Duclos, (*a*) que *la Nature des Sons de la Langue Françoise, est encore aujourd'hui assez peu connue, & qu'il n'y a point de Traité qui ne*

(*a*) Dans ses Remarques sur le Chapitre III de la 1re Partie de la Grammaire générale & raisonnée.

soit en défaut sur la nature & le nombre des Sons ; c'est-à-dire qui explique exactement les différences essentielles qui se trouvent soit entre les Voyelles & les Consonnes, soit entre une Voyelle & une autre Voyelle ; une Consonne & une autre Consonne ; enfin, les différentes manieres dont on représente les Sons.

Ce n'est qu'en rassemblant les diverses observations que j'ai trouvées éparses dans nos plus habiles Grammairiens, M. Lancelot, le Pere Buffier, l'Abbé de Dangeau, l'Abbé d'Olivet, MM. Duclos, Restaut, &c : ce n'est qu'en comparant & combinant avec attention toutes ces Observations les unes avec les autres, & avec celles que m'a fournies ma propre expérience, que je suis venu à bout de conduire ce petit Ouvrage à sa fin. Je ne dis pas *à sa perfection*. Car je sens qu'il y a encore bien des choses à éclaircir sur ce sujet : & quelque précaution que j'aie pu prendre, je puis m'être trompé. J'invite les personnes judicieuses, qui ont du zele pour leur Langue, à remanier elles-mêmes cette matiere, ou du moins à me faire part de leurs lumieres & de leurs réflexions. Elles pourront me les faire tenir par la voie des Journaux, ou par celle du Libraire.

Je me suis attaché sur-tout à détruire les sources des préjugés, qui sont les causes de cette confusion d'idées sur des choses qui

PRÉFACE.

devroient être si claires par elles-mêmes & si sensibles, puisque ce sont des Sons qu'on prononce perpétuellement, & qui frapent les oreilles. On ne trouve dans l'Alphabet de Caracteres simples que pour cinq Voyelles. On en a conclu qu'il n'y a que cinq Voyelles dans la Langue Françoise ; cependant il y en a au moins treize. J'ai tâché d'exposer clairement la nature & les différences de ces Voyelles, du moins de celles qui font plus de difficulté.

On ne compte ordinairement que dix-huit Consonnes, dont même trois ou quatre ne sont pas renfermées dans l'Alphabet. J'ai prouvé, avec plusieurs Grammairiens, qu'il y en a vingt & une, parcequ'il faut y ajouter un *g*, un *qu* & un *i mouillés*, fur lefquels j'ai été obligé d'infifter, pour en établir la réalité, ces trois Confonnes n'étant connues que d'un très petit nombre de Grammairiens. J'ai en même temps marqué l'ufage qu'un Maître doit faire de la connoiffance de ces trois Confonnes mouillées.

Pour mieux faire connoître la nature des Confonnes, & faire bien diftinguer celles qui ayant prefque le même Son, fe confondent aifément, & fe prennent les unes pour les autres, j'ai cru devoir donner une légere idée de leur Méchanifme. Je les ai auffi rangées felon les diverfes caufes qui les produifent, mettant l'une

PRE'FACE.

vis-à-vis de l'autre celles qui font produites par les mêmes difpofitions, & les mêmes mouvemens des lévres ou de la langue.

Quelques perfonnes auroient defiré que j'euffe auffi donné une idée du Méchanifme qui produit les Voyelles. Mais outre que cela n'eft point néceffaire pour connoître la nature des Voyelles, & les faire diftinguer les unes des autres, il auroit fallu, pour en donner une idée même très fuccincte, entrer dans de trop grands détails, & faire des defcriptions de la trachée-artere, du larinx, & de toutes les autres parties intérieures de l'organe de la voix; ce qui eft plus du reffort d'un habile Anatomifte que d'un Grammairien.

D'ailleurs, ce Méchanifme eft affez peu connu, & il y a différens fentimens fur ce fujet, parmi les plus célébres Anatomiftes, entre lefquels il ne me convient pas de prendre parti.

Après avoir expliqué ce qui regarde les Confonnes, & en avoir tiré les conféquences néceffaires, j'ai parlé en peu de mots des Sons articulés & des Syllabes. J'ai été furpris de ne trouver nulle part la vraie définition des Syllabes. Partout la Syllabe eft *un Son*. Il y a cependant un très grand nombre de Syllabes qui en font entendre plufieurs. De tous les Auteurs que j'ai lus, M. Duclos eft le feul qui m'ait paru en avoir conçu une idée jufte. Je ne crois pas cependant qu'on doive, comme il le prétend, prendre pour autant de Syllabes *réelles* & *physiques*, tous les Sons qui forment une Syllabe composée, à laquelle il donne le nom de *Syllabe d'usage*.

Dans la seconde Partie, j'expose la nature des Caracteres dont on se sert pour représenter les Sons; la premiere destination & quelques autres usages des Lettres, des noms des Lettres, & de l'Alphabet; la différence réelle qui se trouve entre les Lettres, les noms des Lettres, & les Sons qu'elles représentent : enfin les différentes manieres dont on emploie les Lettres pour exprimer les Sons de notre Langue; & j'indique les moyens de les faire connoître aifément à ceux qui veulent apprendre à lire, & de leur épargner toute difficulté.

J'aurois pu charger cet Ouvrage de quantité de Differtations, pour réfuter les fentimens contraires à ceux que j'ai cru devoir embraffer. Mais il m'a paru qu'il valoit mieux préfenter les chofes fimplement, & me contenter de les appuyer par des exemples fenfibles ; parceque la vérité expofée fimplement fait beaucoup plus d'impreffion fur les efprits, que tous les raifonnemens qu'on pourroit faire pour l'établir, & pour détruire les fentimens contraires. J'ai cependant cru devoir m'étendre fur l'*in* ou *i* nazal que veulent admettre quelques habiles

PRÉFACE.

Grammairiens. Je me suis aussi étendu sur les trois Consonnes mouillées, *g*, *qu* & *ï*, pour les raisons que j'ai expliquées ci-dessus, & dans le corps de l'Ouvrage.

Quelque clarté que j'aie tâché de jetter sur toutes les matieres de ce Traité, il en est cependant quelques-unes qui sont si abstraites, qu'elles pourroient n'être pas saisies par tous les Maîtres de Lecture. C'est ce qui m'a engagé de joindre à ce Traité un autre fort court, sur la Maniere d'enseigner à lire. Ce dernier renferme un Abrégé de tout ce qu'il y a de plus essentiel à sçavoir sur les Sons de notre Langue, & sur les Caracteres qui les représentent. J'y expose les Voyelles dans un jour un peu différent que dans le *Traité des Sons*, &c; mais ce n'est que pour éclaircir davantage cette matiere. J'y donne aux cinq Consonnes *d*, *t*, *l*, *n*, *r*, le nom de *Palatales*, au lieu de celui de *Linguales*, dont je me suis servi dans le premier Traité, & qui est trop générique. Le nom *Palatales* particularise mieux ces Consonnes, & en fait mieux connoître la nature.

On y trouvera à la fin un Syllabaire complet, où tous les Sons de notre Langue sont rangés par ordre, avec toutes les différentes manieres de les représenter. Ce petit Traité se vendra séparément.

L'Approbation & le Privilége se trouvent au Traité de la Maniere d'enseigner à lire.

TRAITÉ DES SONS
DE LA LANGUE FRANÇOISE,
ET
DES CARACTERES
qui les repréſentent.

EXPRIMER ſes penſées par la *parole* ; repréſenter les paroles par l'*écriture* ; *ſçavoir lire* les paroles écrites ; ce ſont trois choſes qui ont de grands rapports enſemble, & certains principes communs.

La PAROLE n'eſt que la combinaiſon, variée à l'infini, d'un très petit nombre de Sons ſimples ou articulés.

L'ECRITURE eſt la repréſentation de ces Sons, par le moyen de certains ſignes ou caracteres, qu'on appelle *Lettres*;

A

& qui, combinés à l'infini, peignent aux ieux toutes sortes de paroles.

SÇAVOIR LIRE, c'est bien connoître la forme de ces *Lettres*, & les Sons qu'elles représentent, ou seules ou combinées ensemble, & sçavoir lier ces Sons ensemble, de sorte qu'ils puissent présenter à l'esprit des idées & un sens suivi.

Il suit de-là, qu'on ne peut écrire des paroles, ni lire des paroles écrites, si on ne sçait parler. (*a*)

Par conséquent, il faut examiner d'abord quels sont les principes de la Parole ou du Langage, si on veut parvenir par une voie certaine, méthodique & naturelle, aux vrais principes de la LECTURE.

(*a*) Il y a à la vérité des sourds & muets qui écrivent & qui lisent. Mais comme ils n'ont aucune idée des Sons, ce ne sont pas proprement des paroles qu'ils écrivent ou qu'ils lisent; les Lettres ne sont pour eux que des signes muets, auxquels ils attachent directement les idées des choses, indépendamment de la parole, dont nous nous servons pour les exprimer.

PREMIERE PARTIE.

De la nature & du nombre des Sons qui forment le Langage.

Tous les Sons qui forment la Parole ou le Langage, sont *simples* ou *articulés*. Les Sons simples s'appellent *Voyelles*. Les Sons articulés, sont ceux qui se produisent par le concours des Consonnes & des Voyelles.

Plusieurs Auteurs disent que *les Voyelles & les Consonnes sont des Lettres*. C'est comme si on disoit que les Nombres sont des Chiffres. Les Voyelles & les Consonnes sont des Sons, que les Lettres représentent, comme les Chiffres servent à représenter les Nombres. En effet, on prononçoit des Consonnes & des Voyelles avant qu'on eût inventé les Lettres. Il est très important de relever cette mauvaise énonciation, qui n'est que trop commune, parcequ'elle conduit à plusieurs erreurs ; par exemple à dire qu'il n'y a que cinq Voyelles, quoiqu'il y en ait au moins treize dans notre Langue. On peut cependant bien dire que ces Lettres, *a*, *e*, *i*, &c. font des Voyelles, & que ces autres, *b*, *c*, *d*, &c. font des Confonnes, parceque ces Lettres repréfentent des Voyelles & des Confonnes ; comme on peut dire que le chiffre 2 eft un *deux*, le chiffre 3 un *trois*, parceque ces chiffres 2, 3, repréfentent les nombres *deux*, *trois*. On dit de même d'un tableau, C'eft *Alexandre*, C'eft *Céfar*.

CHAPITRE PREMIER.
Des Voyelles.

ARTICLE PREMIER.
De la nature & du nombre des Voyelles.

Les Voyelles font des Sons fimples, qui fe produifent par la feule ouverture de la bouche, & qui fe diverfifient par les différentes difpofitions du paffage de la voix.

Elles font nommées *Voyelles*, du mot *voix*, parcequ'elles forment feules une voix ou un fon; comme *a*, *é*, *ê*, *eu*, *ou*, *u*, *an*, &c.

La voix n'eft que l'agitation de l'air qui fort de la poitrine; & qui, felon les différentes formes que prend le canal par lequel il paffe, donne différens fons, que la bouche, qui eft comme l'extrémité d'une trompette, rend plus ou moins forts, à proportion qu'elle eft plus ou moins ouverte.

Les Voyelles different des Confonnes en plufieurs manieres.

1°. Lorfqu'on les prononce, la voix

fort librement, sans trouver d'obstacles à son passage; au lieu qu'elle en a à vaincre lorsqu'on prononce les Consonnes, comme nous le ferons voir ci-après.

2°. Elles peuvent se prononcer seules.

3°. Elles sont plus ou moins breves & plus ou moins longues, selon que l'on doit mettre plus ou moins de temps à les prononcer. Les plus longues sont ordinairement marquées d'un accent circonflexe ^, ou suivies d'un *e muet*.

4°. Outre le Son aigu, qui est commun à toutes les Voyelles, plusieurs sont encore susceptibles de Sons plus ou moins graves. Ce sont les quatre Voyelles suivantes, qui font entendre chacune des sons fort différens.

Sons aigus.		*Sons graves.*	
a.......	*une malle.*	â.....	*un mâle.*
e *ouvert*...	*trompette.*	ê.....	*tempête.*
eu.....	*le jeu.*	eû....	*le jeûne.*
o......	*une hotte.*	ô.....	*un hôte.*

Le Son *aigu* est un son foible & délié, qui n'est produit que par un filet d'air qu'on pousse de la poitrine, & qui n'exige qu'une petite ouverture de la bouche. Les Sons *graves* sont plus forts, plus gros, & plus remplis, parcequ'ils sont formés par une plus grande abondance d'air qui sort de la poitrine.

Les Sons graves des Voyelles *â* & *ê* exigent une très grande ouverture de la bouche : c'est ce qui les fait nommer *Sons ouverts*. Il n'en est pas de même des Voyelles *eû* & *ô*. Pour les prononcer, les levres s'allongent en dehors, & ne laissent de passage à la voix que par leur milieu. L'air qui vient en plus grande abondance de la poitrine s'entonne dans la bouche, & n'en sort qu'en rendant un son gros & sourd.

Il est bon d'observer, qu'entre le Son très aigu & le Son très grave, il y a plusieurs degrés, & pour ainsi dire, plusieurs nuances de Sons plus ou moins graves, dont la différence n'est fort sensible que lorsque l'on saute un degré, pour comparer ensemble le *premier* & le *troisieme*, ou le *second* & le *quatrieme*. Cette remarque a principalement lieu à l'égard de l'*e ouvert*, qui de toutes les Voyelles est celle qui est la plus susceptible de ces différens sons plus ou moins graves, comme on peut le sentir dans les mots suivans : *Musette*, *messe*, *pere*, *effet*, *thèse*, *effets*, *presse*, *fête*, *ils avoient*.

Les autres Voyelles n'ont point d'autre son que le Son aigu ; ou si elles acquierent quelque gravité, elle n'est presque pas sensible. La seule différence qu'on y peut sentir, ne vient que de leur briéveté ou de leur longueur, qui ne changent rien à leur son, comme on le peut voir dans les exemples suivans : *donné*, *donné*e ; *ami*, *ami*e ; *rendu*, *rendu*e ; *le* bout, *la* boue.

Dans la Langue Françoise, les Voyelles breves sont toujours aiguës ; & les graves sont toujours longues.

Que les Voyelles soient longues ou breves, graves ou aiguës, cela ne change point leur nature ; puisque leur son, quelque variété qu'on puisse y appercevoir, est toujours produit par la même disposition des organes, & que la différence qui se trouve entre les Voyelles graves & les aiguës, ne vient que de la quantité plus ou moins grande d'air que l'on fait sortir de la poitrine, & de la force avec laquelle on pousse sa voix. Si on veut s'en convaincre, il n'y a qu'à commencer à prononcer d'un son aigu, une de ces quatre Voyelles, *a*, *è*, *eu*, *o*, & traîner la voix en la poussant de plus en plus fort, on entendra cette Voyelle devenir de plus en plus grave.

C'est pourquoi il nous a paru inutile de multiplier les Voyelles, comme font plusieurs sçavans Grammairiens, qui comptent pour autant de Voyelles distinguées, les Voyelles aiguës & les Voyelles graves. Encore sont-ils fort peu d'accord entre eux ; car les uns n'en comptent que 14 ; d'autres en admettent 17 ; d'autres 19, & quelques-uns en comptent jusqu'à 21 ; suivant que leurs oreilles sont plus ou moins affectées par les différences de son dont les Voyelles sont susceptibles.

Nous croyons, en conséquence, ne devoir compter dans la Langue Françoise que treize Voyelles, qu'on trouvera exposées dans la Table suivante, avec leurs différences les plus sensibles.

TABLE DES VOYELLES

conſidérées ſeulement par rapport à leurs ſons.

Voyelles aiguës.	Voyelles graves.
1. a..... patte	â... pâte.
2. é *fermé*.. vérité.	
3. e *ouvert*.. prophete.	ê... fête.
4. e *muet*.. une table.	
5. eu.... le jeu.	eû.. le jeûne.
6. i..... ici.	
7. o..... une hotte.	ô... un hôte.
8. ou.... un coucou.	
9. u..... uſure.	
10. an.... cadran.	
11. in.... enfin.	
12. on.... bon ſon.	
13. un.... chacun.	

Article II.

Observations particulieres sur quelques-unes de ces Voyelles.

§. I. *Sur l'é fermé.*

La seconde Voyelle est l'*é fermé*, ainsi nommé parceque, pour le prononcer, le canal de la voix se retrécit & se ferme en quelque sorte, ne laissant qu'une petite ouverture, qui ne laisse échaper que comme un filet d'air. Aussi le son de cette Voyelle est-il toujours aigu & invariable. Qu'on prononce par exemple ce mot *créée*, on a beau traîner la voix, on ne produit jamais que le son *é*.

§. II. *Sur l'e ouvert.*

La troisieme Voyelle est l'*é ouvert*, ainsi nommé par opposition à l'*é fermé*, parcequ'il exige un passage ouvert & parfaitement libre. Cette Voyelle, comme nous l'avons deja remarqué, est susceptible d'un nombre considérable de nuances de sons, plus ou moins aigus, ou plus ou moins graves, dont voici quatre des plus fenfibles.

Sons aigus.		*Sons graves.*	
1	2	3	4
Secrete.	Secret.	Secrets.	Crête.
faites.	fait.	faits.	faîte.

De ces quatre fons ou dégrés de fons, les fecond, troifieme & quatrieme font inconteftablement des *e ouverts*. Tout le monde en convient.

Mais il n'en eft pas de même du premier. Quelques-uns le mettent dans la claffe des *é fermés*. D'autres en veulent faire une claffe à part, & une Voyelle diftinguée de l'*é fermé* & de l'*e ouvert*, & lui donnent le nom d'*e moyen*. Mais les plus habiles Grammairiens n'admettent point ce nouveau nom; & n'appercevant dans ce prétendu *e moyen* qu'un fon ouvert, quoique foible & très-aigu, ils le rangent dans la claffe des *e ouverts*.

Ce fon foible & très aigu a principalement lieu devant une Confonne prononcée avec le fon de l'*é muet* à la fin des mots, comme dans ceux-ci, *il feme. il aime. Eufebe. il eft foible. il leve. une meche. il pefe. la meffe. il eft tiede. j'achete. je fouhaite. il mene. de la laine. une baleine. il confere. une paire. il legue. il diſſeque. il regne. qu'il craigne. il enſeigne. il conſeille.* Ce ſon ſe fait entendre de même, lorſque l'*e muet* n'eſt point exprimé après la Conſonne, comme dans, *Sem. Caleb. Alep. Aleth. Amen. amer. Doëg. avec. conſeil.*

Pour peu qu'on ait d'oreille, ou qu'on veuille y faire quelque attention, on s'appercevra aiſément:

1°. Que ce ſon repréſenté par *e*, ou par *ai*, ou par *ei*, ou enfin par *oi*, eſt bien différent de celui de l'*é fermé*.

2°. Que ce ſon eſt un *e ouvert*, & de la même nature que les autres *e ouverts*. En effet, ſi on appuie un peu trop deſſus, il deviendra plus grave & rendra le ſon *è*. Si on traîne la voix, il rendra le ſon *é*. Ainſi, au lieu de dire *je ſeme*, on prononcera *je ſème* ou *je ſême*.

3°. Qu'il n'eſt pas parfaitement le même dans tous les mots rapportés ci deſſus, & qu'il eſt plus foible & plus aigu dans les uns que dans les autres, ſelon que la Conſonne qui le ſuit eſt plus ou moins ſonore, ou plus ou moins difficile à prononcer.

Il n'y a que les Syllabes *ai-je* ou *ége*,

que l'on prononce avec le son de l'*é fermé* devant la Consonne, parceque cette Consonne *j* ou *ge* n'a presque point de son, & d'ailleurs est si foible, que la voix n'a presque aucun effort à faire pour la prononcer. On pourroit, pour la même raison, prononcer de même un *é fermé* devant ces deux autres Sifflantes foibles *v* & *z* : mais nous n'avons aucun mot françois, où l'on prononce ainsi l'*é fermé* devant *ve* & *ze* à la fin des mots.

Pour toutes les autres Consonnes, quand elles se prononcent avec le son de l'*e muet*, comme cet *e muet* n'a pas assez de force pour les produire, la voix a besoin de s'appuyer davantage sur la Voyelle qui précede la Consonne. Si cette Voyelle est un *e*, il devient nécessairement un *e ouvert*. C'est pour cela que le premier *é fermé* du mot *procédé*, & l'*e muet* du mot *il acheta*, se changent en *e ouvert* lorsqu'on dit *je procede ; j'achete* : & cela se fait ainsi dans toutes les Langues. L'*é* de ces mots latins, *die*, *patre*, &c, qui est fermé, se change en *e ouvert*, lorsqu'on dit *dies*, *patres*, *diem*, *patrem*. Les Normands même qui, en prononçant cet *e*, traînent, baissent & affoiblissent la voix de plus en plus, le font encore un peu ouvert, quoiqu'ils le prononcent d'un son trop foible & trop aigu. Si absolument on vouloit le prononcer comme un *é fermé*, il faudroit ou traîner considérablement la voix, & faire la pénultieme Syllabe très longue, en prononçant *je féémé*; ou si on vouloit lui conserver sa briéveté, il faudroit mettre un intervalle entre l'*é fermé*, & la derniere Syllabe, dont l'*e muet* sur lequel on seroit forcé d'appuyer, prendroit un son fort approchant de celui de la Voyelle *eu*: & on prononceroit *je sé-meu*.

§. III. *Sur l'e muet & l'e obscur.*

La quatrieme Voyelle, qu'on appelle ordinairement *e muet* ou *féminin*, mérite une attention particuliere.

I. L'*e muet*, *proprement dit*, ne se prononce point : c'est-à-dire qu'on ne pousse point exprès de voix de la poitrine pour le produire. Il rend cependant un son; mais un son extrêmement foible, qu'on ne peut, ce me semble, mieux comparer qu'à celui que l'on fait entendre lorsqu'on respire doucement la bouche ouverte. Il suffit pour le produire de donner quelques trémouſſemens à l'air qui vient de la reſpiration, ſans en faire ſortir exprès de la poitrine.

Si cet *e muet* eſt ſeul après une Voyelle à la fin d'un mot, il n'eſt autre choſe que le reſte d'une voix traînée & extrêmement affoiblie, comme on peut le remarquer en prononçant ces mots, *j'agrèe*, *la vie*, *je loue*, *ils tuent*, qui ſe prononcent un peu autrement que ceux ci, *du grès*, *je vis*, *des loups*, *je fus*. Car quoique les Syllabes de ces derniers mots ſoient longues, la voix s'arrête après les avoir prononcées, & ne produit point ce ſon foible qu'on fait entendre à la fin des premiers mots, en traînant la voix après les Voyelles *è*, *i*, *ou*, & *u*.

Lorſque l'*e muet* eſt joint à une Conſonne, il eſt la ſuite & l'effet du mouvement, ou de la langue ou des levres, qui donne à l'air qui eſt dans la bouche une agitation & un trémouſſement, qui lui fait rendre un ſon différemment modifié, ſuivant la différence du mouvement qui l'a cauſé : & alors cet *e muet*, ainſi modifié, ſe fait entendre plus diſtinctement que lorſqu'il eſt ſeul à la fin d'un mot ; parceque la Conſonne fait
ſon

de la Langue Françoise. 17

son impression sur l'oreille, comme à la fin de ces mots, *gloire*, *louange*.

Souvent l'*e muet* n'est point exprimé par écrit. Mais il faut toujours le suppléer après une Consonne, soit qu'elle termine le mot, comme à la fin de ce mot, *mal*, qu'on prononce comme s'il étoit écrit *male* ; soit qu'elle soit suivie immédiatement d'une autre Consonne, comme dans ces mots, *bras*, *marbré*, *structure*, qui se prononcent comme s'ils étoient écrits, *bera*, *mareberé*, *seteruqueture*, en coulant avec la plus grande rapidité sur ces *e muets* suppléés. *Voyez ci après le Chapitre II, Article II, n. VI & VII.*

II. Lorsque cet *e muet* doit former une Syllabe pleine, bien distinguée de celle qui le précede ou qui le suit, on est obligé de le prononcer, c'est-à-dire de faire sortir exprès de la poitrine la voix qui le produit. Il n'est plus alors un *e* muet *proprement dit*, mais c'est un *e* obscur, foible & très bref, qui approche plus ou moins du son de la Voyelle *eu*, à proportion du plus ou du moins de force avec laquelle on le prononce.

1°. Lorsque l'*e muet* ou obscur n'est suivi que d'une seule Syllabe, qui ne

B

foit pas formée elle-même par un *e muet*, il n'a qu'un fon fourd très foible & très bref, comme dans ces mots, *fouvenir*, *lâcheté*.

Mais il arrive fouvent que dans le difcours ordinaire & familier, on ne le prononce point, & que coulant rapidement deffus, on n'en fait qu'une feule fyllabe avec celle qui fuit. C'eft ainfi qu'on prononce fouvent *foutnir*, *atler*, pour *foutenir*, *atteler*. Il faut cependant éviter avec foin cette mauvaife prononciation, même dans le difcours familier; fur tout lorfqu'on peut confondre un mot avec un autre qui a un fens fort différent, comme ceux ci, Il *montera* plus haut, il *fondera* un hôpital, avec ces deux autres, Il *montra* fon ouvrage, il *fondra* une cloche.

Si la fyllabe qui termine un mot eft formée par un *e muet*, il ne peut y avoir d'*e muet* à la fyllabe précedente; mais on lui fubftitue un *e ouvert*. Ainfi l'*e muet* qui fe trouve à la pénultieme fyllabe de ces mots, *acheter*, *épeller*, *fe déjeter*, fe change en *e ouvert*, lorfqu'on dit, *j'achète*, *j'épelle*, *il fe dejète*. On voit cependant bien des gens qui veulent conferver l'*e muet* dans ces mots, *je cachete ; j'empaquete , il furete :* & comme il est impossible de le prononcer, ils ne font qu'une seule syllabe des deux dernieres, en prononçant, *je cachte , j'empacte , il furte ;* au lieu de dire *je cachète, j'empaquète , il furète.* Un grand nombre de bons Ecrivains, pour faire éviter cette prononciation, redoublent la consonne qui précede l'*e muet* final ; & écrivent, *je cachette, il se dejette*: mais cette précaution est assez inutile, parceque c'est une regle générale que tout *e* à la pénultieme syllabe, suivi d'une Consonne & d'un *e muet*, est ouvert. Il en faut excepter les mots terminés en *ége* , comme *collége*, pour la raison que nous avons exposée au § précédent.

2°. Lorsque l'*e muet* ou *obscur* est suivi de deux ou trois syllabes, ou même d'un plus grand nombre, on est obligé de le prononcer plus fortement, & d'une voix plus grosse ; & alors on lui donne le son de la Voyelle *eu* , mais bref & léger ; comme dans ces mots, *demander , demeurer , devenir , redevenir,* qu'on prononce *deumander, deumeurer, deuvenir, reudeuvenir,* en coulant fort vite sur le son *eu.*

B ij

3°. Lorsque l'*e muet* ou *obscur*, joint à une Consonne, forme une syllabe isolée ; comme la voix n'a ni devant ni après aucune autre syllabe sur laquelle elle puisse se soutenir, ou couler, toute sa force tombe nécessairement sur l'*e*, qu'on prononce alors d'une voix pleine, & qui n'a point d'autre son que le son plein de la Voyelle *eu*. C'est ainsi qu'on prononce ces monosyllabes, *je*, *te*, *se*, *que*, *de*, &c, à moins qu'ils ne s'unissent au mot précédent ou suivant, comme s'ils n'en faisoient qu'un ; comme lorsque l'on dit, *ferai-je ce qu'il dit* : où *je* semble ne faire qu'un mot avec *ferai*, & *ce* avec le mot suivant *qu'il*.

§. IV. *Sur les Voyelles* eu *&* ou.

Plusieurs personnes seront étonnées de voir *eu* & *ou* parmi les Voyelles, parcequ'elles les prennent pour des *Diphthongues*. Une Diphthongue, comme nous le ferons voir à l'Article suivant, est la réunion de deux sons simples. Or dans *eu* & *ou*, il n'y a qu'un seul son simple. Il faut prendre garde à ne se pas laisser tromper par la vue des deux lettres dont on se sert pour les représenter, faute de caracteres simples qui les puissent exprimer. Car aucune de ces lettres n'y a le son qui lui est propre. On n'y entend ni le son de l'*e* dans *eu*, ou le son de l'*o* dans *ou*, ni le son de l'*u*, ni rien qui tienne de ces sons. Ces deux lettres *e u*, & *o u* n'empêchent donc point que *eu* & *ou* ne soient des Sons simples, de même que la Voyelle *é* ne cesse pas d'être un Son simple, lorsqu'on l'écrit par *ai* dans ces mots, *j'ai*, *j'aurai*.

Quelques habiles Grammairiens les appellent, aussi-bien que *ai*, *ei*, *au*, *eau*, &c, des *Voyelles composées*. Quoique cette dénomination puisse absolument se prendre dans un sens véritable, elle renferme néanmoins quelque chose de très louche & propre à induire en erreur. Car soit qu'on prenne ce mot *Voyelle* pour les lettres qui servent à exprimer les sons simples, soit qu'on lui fasse signifier directement les sons simples que les lettres représentent, cette expression *Voyelle composée* donne à entendre qu'il y a, ou deux sons, ou du moins un mélange de deux sons qui n'en feroient plus qu'un ; & par conséquent elle présente une idée fausse de ces Voyelles. Ce ne sera donc qu'au moyen d'un commentaire qu'on pourra écarter cette fauſſe idée, & rapporter cette dénomination de *Voyelles compoſées* à un ſens véritable.

§. V. *Sur les Voyelles nazales.*

Les quatre dernieres Voyelles ſe nomment *Voyelles nazales*, parcequ'elles ſe prononcent du nez, c'eſt-à-dire, que la voix ou l'air qu'on pouſſe de la poitrine s'engouffre dans la cavité intérieure du nez avant que de ſortir par la bouche; ce qui donne a ces Voyelles un ſon ſourd & obſcur. Ces quatre Voyelles nazales répondent chacune à une de ces quatre autres Voyelles, *a*, *è*, *o*, & *eu*: *an* répond à la Voyelle *a* ; *in* ou *ein*, à l'*e ouvert* ; *on*, à la Voyelle *o* ; & *un*, à la Voyelle *eu* ; & non pas à l'*u*, comme quelques uns le diſent. On n'a qu'à prononcer ces quatre Voyelles, *a*, *è*, *o*, *eu*, dans un vaſe long, creux, & un peu plus étroit par le haut que par le milieu, elles rendront des ſons fort ſemblables à ceux des quatre Voyelles nazales, *an*, *in*, *on* & *un*.

On ne peut pas douter que ces quatre Voyelles ne ſoient des ſons ſimples. Car 1°. Dans la Muſique on peut faire fur ces Voyelles des modulations, comme fur les autres Voyelles. 2°. Leur rencontre avec d'autres Voyelles fait des *hiatus* ou bâillemens, comme il s'en fait lorfque les autres Voyelles fe rencontrent. Ainfi lorfqu'on dit, *main affreufe*, *camp ennemi*, *la nuit eft loin encore*, on eft obligé de s'arrêter, & de faire un bâillement ou petite pofe après ces mots, *main*, *camp* & *loin*, pour pouvoir prononcer les mots fuivants ; de même qu'on eft obligé de s'arrêter après ces mots, *feu* & *taureau*, lorfqu'on dit, *un feu ardent*, *un taureau en furie*.

§. VI. *Sur une cinquieme Voyelle nazale, admife par quelques Grammairiens.*

M. l'Abbé de Dangeau, & quelques autres, admettent une cinquieme Voyelle nazale, fçavoir un *in* d'un fon plus pincé que celui de la Voyelle *ain*, & qui répond à la Voyelle *i*. Ce fon, felon leurs principes, ne doit avoir lieu que dans les mots où cette fyllabe *in* répond à la prépofition *in* des Latins, comme dans ces mots, in*cident*, im*pôt*, im*pie*, in*docile*. Dans toute autre occafion, ils veulent qu'on prononce *in* comme *ain*.

B iv

Mais d'autres habiles Grammairiens rejettent ce son, & prétendent que dans tous les mots, *in* se doit prononcer comme *ain* ou *ein*.

Ce qu'il y a de singulier, c'est que ces Sçavans, de part & d'autre, traitent de *provinciale* la prononciation contraire à leur opinion. Les premiers s'autorisent de la pratique du Théâtre : les seconds répondent qu'il y a des pratiques du Théâtre qu'il faut rejetter, & que celle-ci en est une.

Nous ne prétendons condamner aucune de ces manieres de prononcer la Voyelle *in*, l'une & l'autre étant si bien autorisée. Voici cependant ce qu'on peut remarquer, pour peu qu'on y fasse attention.

I. Je vois d'abord un partage de sentimens entre les partisans de ce son de l'*i nazal*. Les uns en restreignent l'usage aux mots qui commencent par la préposition *in*, qui a les mêmes propriétés que l'Alpha des Grecs. Les autres, comme le Pere Buffier, l'étendent à tous les mots qui commencent par *in*, exceptant seulement ces mots, *les Indes*, *Indien*. Voila donc deux usages différens ; lequel faudra-t-il suivre ?

de la Langue Françoise. 25

II. Sur quel fondement est appuyée cette prononciation de l'*i nazal* ? Dira-t-on qu'elle est établie sur la prononciation latine ? Mais comment prouvera-t-on que les Latins prononçoient autrement *in* dans im*pius*, indo*ctus*, que dans In*dus*, *sincerus*, *vindicta* ?

Dira-t-on qu'elle est fondée sur le génie de la Langue Françoise ? Si cela est ainsi, pourquoi n'a-t-elle lieu que dans ceux des mots originairement latins qui commencent par *in* ? Pourquoi prononce-t-on autrement cette Voyelle *in*, lorsqu'elle est au milieu ou à la fin de tous les mots ? Ne paroît-il pas au contraire, que le génie de notre Langue affectionne d'une maniere particuliere le son *ain*, puisqu'il le fait prononcer dans une si grande quantité de mots ? Et afin de ne laisser aucun doute, ne fait-il pas écrire quelquefois *ain*, ou *ein*, à la place de *in*, comme dans ces mots, *vain*cre, *pein*dre, &c, qui viennent du Latin *vincere*, *pingere* ? Enfin, ne pourroit-on pas tirer une preuve de cette ancienne inclination de notre Langue à rendre la Voyelle *in* par le son *ein*, de la maniere dont plusieurs Sçavans expliquent le changement de cette même Voyelle *in*, en *an*, ou en *en* prononcé *an*, comme dans ces mots, *lan*gue, em*pereur*, &c, qui viennent du Latin *lingua*, im*perator*? *In* se prononçoit, comme *en* se prononce encore dans ces mots, *bien*, *benjoin*. C'est ce qui a fait qu'on s'est accoutumé à écrire *en* pour *in*. *En* s'est ensuite prononcé *an*, & quelquefois on a substitué *an* à la place de *en*. C'est ce qui est arrivé au nom de *landi*, qu'on donne à une Foire de Saint-Denis. Ce mot, *landi*, vient de in*dictum* (*forum*.) On a d'abord dit & écrit, *l'*in*dict*; ensuite *lendi*: enfin on a prononcé & écrit *landi*.

D'où il faut conclure que la prononciation de cet *in* répondant à la Voyelle *i*, n'a aucun fondement, & que la régle par laquelle on la restreint à de certains mots paroît bien arbitraire.

III. Ce son de l'*i nazal* paroît avoir quelque chose de forcé. Il exige un certain serrement & retirement de nez, qui n'est gueres naturel. Aussi ceux qui affectent le plus de le prononcer, cessent-ils de le faire, quand ils parlent avec vivacité & sans s'écouter parler. Alors on les entend prononcer, eim*pie*, ain*fidéle*, comme ceux qu'ils appellent *Provinciaux* ou *Bourgeois de Paris*. Tant il est vrai que :

Naturam expellas furcâ, tamen usque recurret.

Ce son est si peu naturel, qu'à peine trouve-t-on quelqu'un qui le prononce passablement. Les uns font entendre avec l'*i* le son de la Consonne *n* ; & ainsi au lieu d'une seule Voyelle, ils font entendre deux sons, à la vérité sourds & obscurs ; mais ce sont toujours deux sons au lieu d'un seul.

D'autres ne prononcent qu'un *i*, mais dont le son sort tout à la fois & par la bouche & par le nez ; de sorte qu'on entend un *i* mêlé avec je ne sçai quel bruit sourd & confus fort désagréable.

D'autres ne prononcent qu'un *ain* véritable, mais d'un son un peu plus sourd & plus obscur.

D'autres enfin, quoique fort zélés pour cet *i nazal*, ne prononcent que le pur son *ain*, sans aucune différence, quoiqu'ils s'imaginent en mettre beaucoup.

IV. De quelque maniere qu'on prononce la Voyelle *in*, il est presque impossible de la produire immédiatement après l'autre son *ain*, ou après une autre Voyelle nazale, fans la prononcer *ain*. Quelques efforts qu'on faſſe, on prononce toujours, *deſſ*ein aim*pie*, *m*ain ain*fidele*, *champ* ain*culte*; ou ſi l'on veut abſolument prononcer l'*i naʒal*, il faut néceſſairement mettre un repos beaucoup trop long entre les deux mots, ou bien ſuppléer un *n* pour la joindre au ſecond mot ; comme quand on dit, *bi*en in*grat*, *bi*en in*docile*, qu'on prononce *bi*en nin*grat*, *bi*en nin*docile*. Ce *n* ajouté donne une grande facilité à prononcer un *i naʒal*.

V. Dans ce partage de ſentimens ſur la prononciation de la Voyelle *in*, chacun prétend que ſon ſentiment eſt conforme au bon Uſage. Le bon Uſage eſt, je crois, la maniere commune dont parlent les perſonnes qui ont de l'éducation, des principes & du goût. On voit à la vérité, à la Cour, au Théâtre & ailleurs, de ces bons parleurs qui prononcent l'*i naʒal*. Mais ſont-ils les ſeuls qui aient de l'éducation, du goût & des principes ? Combien n'en voit-on pas à la Cour même, dans la Magiſtrature, au Barreau, dans les Chaires, parmi les Sçavans de toute eſpece, qui ne prononcent que *ain*, & qui n'ont peut-être jamais pensé à cet *i nazal?* Leur nombre est sans contredit incomparablement plus grand. Si donc on ne conteste pas à la prononciation de l'*i nazal* le titre de *bon usage*, on ne peut en aucune maniere refuser à celle de *ain*, la qualification de *bon*, & même de *véritable usage ;* puisque c'est celui qui est le plus étendu, & qu'il est au moins aussi bien autorisé & fondé en raisons.

Article III.
Des Diphthongues.

On prononce souvent deux Voyelles en une même Syllabe ; & alors ces deux sons forment une Diphthongue.

Une Diphthongue est donc la réunion de deux Voyelles, qu'on fait entendre dans le même instant par une seule émission de voix, de sorte qu'on coule vîte sur le premier son, & qu'on appuie davantage sur le second.

Ce mot *Diphthongue* vient d'un mot grec, qui signifie *double son.*

Il suit de-là : 1°. Qu'il est essentiel

à la Diphthongue de préfenter deux fons à l'oreille. Toutes les fois, par conféquent, qu'on n'entend qu'un fon, il n'y a point de Diphthongue : ce n'eft qu'une feule Voyelle, quand même elle feroit repréfentée par plufieurs lettres. Ainfi, *au*, *eau*, *eu*, *ou*, &c, ne font point des Diphthongues, parcequ'elles ne préfentent qu'un fon fimple qui frappe l'oreille.

Il eft cependant bien ordinaire de voir nommer *Diphthongues* ces Voyelles, *au*, *eau*, *ei*, *eu*, *ou*, &c. Erreur qui vient du faux principe que nous avons déja réfuté, que *les Voyelles font des lettres*. On a vu deux ou trois lettres, qu'on a prifes pour autant de Voyelles. On en a conclu que c'étoient des Diphthongues, fans faire attention qu'une Diphthongue doit néceffairement préfenter deux fons à l'oreille, & que dès que deux ou trois lettres ne repréfentent qu'un feul fon fimple, elles ne font toutes enfemble qu'une feule Voyelle. Plufieurs Grammairiens, convaincus de cette vérité, mais n'ofant pas tout-à-fait s'élever contre le préjugé commun, les appellent *Diphthongues impropres*, ou *fauffes Diphthongues*;

c'est-à-dire, Diphthongues qui ne sont pas des Diphthongues.

2°. Il est encore essentiel à la Diphthongue, de faire entendre ces deux sons en un instant, & d'une seule émission de voix. Car si les deux Voyelles se prononcent en deux temps distingués, elles forment alors deux Syllabes. Ainsi ces deux Voyelles, *i*, *en*, qui forment une Diphthongue dans ces mots, *bien*, *rien*, font deux Syllabes dans le mot *lien*, parcequ'elles se prononcent en deux temps, & par deux émissions de voix, *li-en*.

Comme on doit couler rapidement sur le premier son, ce son est toujours foible. C'est pourquoi en François la premiere Voyelle est toujours l'une de ces trois Voyelles foibles, *i*, *u*, *ou*, quoique la derniere s'écrive souvent par un *o* simple

La plupart de nos Diphthongues ne font d'usage que dans le discours ordinaire & familier : mais dans le discours soutenu, c'est-à-dire qui demande de la gravité & de la noblesse, le plus souvent les deux Voyelles se prononcent séparément, & on en fait deux Syllabes. *Voyez la Grammaire de M. Restaut*, ch. 17, & son *Abrégé des Régles de la Versification Françoise.*

La plupart des Grammairiens ne comptent que 18 Diphthongues dans la Langue Françoise. Neuf commencent par *i*, cinq par *ou*, & quatre par le son *u*.

TABLE DES DIPHTHONGUES.

1. ia... *Diac*re.
2. ié... *amitié.*
3. iè... *lum*iè*re.*
4. ieu. *D*ieu.
5. io... *pi*oche.
6. iou. *chi*ourme.
7. ian.. *vi*ande.
8. ien.. *chré*tien.
9. ion. *ambit*ion.
10. { oua. *oua*te.
    { oa.. *bezoard.*
11. { ouet. *r*ouet.
    { oè... *b*oète.
    { oi. .. *R*oi.
12. oui... *enf*oui.
13. ouan. *l*ouange.
14. { ouin. *marf*ouin.
    { oin... *du f*oin.
15. ué... *fit*ué.
16. uè. .. *écu*èlle.
17. ui . . . *cel*ui.
18. uin .. *J*uin.

Les secondes Voyelles de plusieurs de ces Diphthongues se peuvent représenter de plusieurs autres manieres. Mais nous ne sommes occupés dans ce Chapitre, que des Sons des Voyelles. Les différentes manieres de les représenter feront l'objet du Chapitre III de la seconde Partie.

CHAPITRE

CHAPITRE II.
Des Consonnes.

ARTICLE PREMIER.
De la nature des Consonnes, & des causes qui les produisent.

Le mot *Consonne* signifie *qui sonne avec*. Les Consonnes sont ainsi nommées, parcequ'elles sonnent avec les Voyelles, & qu'il est impossible de les prononcer seules sans le secours d'une Voyelle.

En effet, les Consonnes sont des articulations ou modifications des sons : elles sont, pour ainsi dire, certaines formes ou nuances, qui affectent les Voyelles, lorsque les différentes positions des levres, de la langue ou des dents mettent obstacle au passage de la voix, & qui cessent aussitôt que le passage est entiérement libre.

Pour bien sentir ceci, & pour parvenir à connoître la nature des Consonnes, il est bon d'examiner la maniere dont s'operent quelques-unes de ces articulations ou modifications de Voyelles.

A, est une Voyelle simple. Si j'ouvre la bouche, & que je prononce ensuite cette Voyelle, elle rendra le son pur, *a* sans aucune articulation, parceque la voix n'a trouvé aucun obstacle à son passage.

Mais si ce n'est que dans l'instant même que la voix veut sortir, que j'ouvre la bouche, la voix sortant rapidement forme une espece de mugissement, semblable à celui que fait le vent en entrant dans une porte qui s'entr'ouvre ; & ce mugissement fait entendre le son, *ma*. Or la différence qui se trouve entre le son simple, *a*, & le son articulé, *ma*, est précisément ce qu'on appelle la Consonne *m*.

Si je presse un peu les levres l'une contre l'autre, la voix faisant effort les pousse un peu en dehors pour les écarter, & lorsque le passage vient à s'ouvrir on entend le son, *ba*. Si mes levres font plus de résistance, la voix fait un plus grand effort, & les repousse plus fortement en dehors ; ce qui produit le son, *pa*. Voici donc deux nouvelles Articulations de la même espece ; une foible qui eſt la Conſonne *b*, & une forte qui eſt la Conſonne *p*.

Si je fais rentrer un peu en dedans ma levre inférieure, & que je faſſe gliſſer ma voix entre les dents d'en haut & cette levre inférieure, ma voix produira une eſpece de ſifflement qui fera entendre le ſon, *va*, ſi l'effort de ma voix eſt foible; & le ſon, *fa*, ſi cet effort eſt plus conſidérable. Cette autre poſition des levres occaſionne donc deux nouvelles Articulations de même eſpece; une foible qui eſt la Conſonne *v*, & une forte qui eſt la Conſonne *f*.

Il en eſt de même des autres Conſonnes.

En un mot, pour produire les Conſonnes, il faut que la voix trouve à ſon paſſage un obſtacle formé par quelque poſition des levres, ou de la langue, ou des dents. Alors, l'effort que la voix fait pour forcer cet obſtacle; les différentes formes de l'étroite iſſue qui ſe préſente d'abord à ſon paſſage, & qui s'élargit de plus en plus dans le même inſtant; enfin les différents mouvemens ſubits & momentanés des organes qui ſe remettent dans une ſituation propre à laiſſer paſſer la voix: toutes ces cauſes, dis-je, donnent à la voix différentes especes d'agitations, de vibrations, de trémouſſemens qui, ſans rien changer au ſon principal & primitif des Voyelles qu'on prononce, produiſent ces différentes Articulations ou modifications qui affectent les Voyelles, & que l'on nomme *Conſonnes*. Quelques-unes de ces Conſonnes, quoique produites de la même maniere & par les mêmes cauſes, ſont néanmoins fortes ou foibles, ſelon que la voix fait un effort plus ou moins grand pour vaincre l'obſtacle qui s'oppoſe à ſon paſſage.

C'eſt ainſi que le vent, lorſqu'il paſſe par des fentes ou des trous de différentes formes, rend différens ſons, quelquefois aſſez bien articulés, ſur-tout lorſqu'un morceau de papier un peu décollé, ou quelque autre corps vacillant, met obſtacle à ſon paſſage.

Article II.

Conséquences évidentes qui résultent de ce qu'on vient d'expliquer.

I. *Les Consonnes ne sont pas des Sons proprement dits.*

Les Consonnes n'étant que des agitations ou trémoussemens que différentes causes donnent à la voix, dans l'instant qu'elle veut sortir pour se répandre au dehors, elles ne sont point des voix, ni par conséquent des *Sons proprement dits* ; elles ne sont que des articulations ou modifications des Voyelles.

Je dis qu'elles ne sont pas des *Sons proprement dits.* Car on peut absolument les appeller des *Sons*, en n'entendant par ce mot, *Son*, que l'impression que la Consonne fait sur l'oreille.

II. *Une Consonne ne peut se prononcer qu'avec une Voyelle.*

Une Consonne ne peut être prononcée seule. Il faut nécessairement pour la faire entendre, qu'on la joigne à une

Voyelle. Je puis bien preſſer mes levres & les ouvrir enſuite ſubitement, ou bien je puis mettre ma langue en différentes poſitions, & la déplacer enſuite tout d'un coup : mais on n'entendra aucun ſon, du moins clair & diſtinct, ſi je ne fais pas ſortir en même temps une voix de ma poitrine.

III. *Une Conſonne & une Voyelle ne font qu'un ſeul Son, qu'on nomme* Son articulé

Une Voyelle ainſi jointe à une Conſonne, ne fait donc avec cette Conſonne, qui la modifie, qu'un ſeul ſon, qu'on nomme *Son articulé*. Ainſi entre un Son ſimple & un Son articulé, ou une Voyelle ſimple & une Voyelle articulée ; par exemple, entre le Son ſimple, *a*, & les Sons articulés, *ma*, *ba*, *pa*, *va*, *fa*, &c, il n'y a de différence que celle qui ſe trouve entre une cire nue, & la même cire chargée tantôt d'une empreinte & tantôt d'une autre. Comme c'eſt toujours la même cire qui frappe les ieux, quoique de différentes manieres, ſelon les différentes empreintes qu'elle reçoit ; de même c'eſt toujours le même ſon qui frappe l'oreille,

de la Langue Françoise. 39

quoique différemment, si on le prononce simplement, *a*, ou si on le prononce avec différentes Articulations ou différentes Consonnes, comme, *ma*, ou *ba*, ou *pa*, &c : en un mot, selon les différentes impressions ou modifications que la voix a reçues en sortant de la bouche.

IV. *Il faut faire prononcer les Sons articulés sans faire épeller.*

Il faut par conséquent faire prononcer tout d'un coup aux Commençans les Sons articulés, comme, *ba, bé, boient, beu, bou,* sans leur faire nommer les lettres les unes après les autres, ce qu'on appelle *épeller*. Car, soit qu'on leur fasse dire, selon l'ancienne Méthode, *bé, o, i, enne, té,* Sons qui ne peuvent pas leur donner la moindre idée du Son *boient*, qu'on veut leur faire prononcer ; soit que, suivant la nouvelle Méthode, on leur fasse dire, *beu, é,* pour exprimer le même Son, *boient*; on leur donne des idées fausses, en leur faisant entendre que cette Syllabe simple est composée de plusieurs Sons, quoiqu'il n'y en ait qu'un seul. L'usage où l'on est de les faire épeller, ne peut donc servir qu'à leur mettre beaucoup de confusion dans l'esprit, & d'ailleurs qu'à leur causer beaucoup de peines & de difficultés, qui les retardent, & souvent les rebutent.

V. *La Consonne précede toujours en quelque sorte la Voyelle qu'elle modifie.*

La Consonne n'articule que le commencement de la Voyelle qu'elle modifie ; & par conséquent elle la précede toujours en quelque sorte. En effet, la Consonne ne se produit que dans l'instant précis que la voix force l'obstacle qui l'arrêtoit. Dès que le passage est libre, la voix coulant librement, ne reçoit plus de modification, & on n'entend plus que la Voyelle. Ainsi la Consonne n'est qu'un éclat de voix, qu'on peut très bien comparer à cet éclat qu'on entend, lorsque le vent vient à enfoncer un morceau de papier ou quelqu'autre chose qui lui fermoit le passage ; éclat qui passe dans l'instant ; après quoi on n'entend plus que le bruit sourd que fait le vent en entrant par le passage qu'il s'est ouvert.

D'où il faut conclure, que la Consonne n'est point un Son permanent, *de la Langue Françoife.* 41

& qu'au contraire il n'y a rien qui paffe fi vîte que les Confonnes, puifqu'elles paffent plus vîte que le Son même de l'*e muet*, qui de toutes les Voyelles eft celle fur laquelle on peut couler le plus rapidement, & que c'eft toujours le Son de la Voyelle qui frappe l'oreille en dernier.

Il y a cependant fept Confonnes; fçavoir les fix Sifflantes, *v*, *f*, *j*, *ch*, *z*, *f*, & la Confonne *r*, qui peuvent durer quelque temps; mais ce ne peut être qu'avec un fon très fourd & très confus, un peu approchant des Sons de notre *e muet* ou de la Voyelle *i*. Ce qui produit cet effet, c'eft que l'obftacle qui occafionne ces fept Confonnes, ne ferme pas totalement le paffage de la voix, & laiffe quelques ouvertures par lefquelles l'air peut gliffer & s'échapper. Mais lorfqu'on prononce ces Confonnes avec une Voyelle bien diftincte & bien formée, comme les Voyelles veulent un paffage parfaitement libre, l'obftacle ne peut fubfifter; l'Articulation ceffe en même temps; on n'entend plus rien du fon de la Confonne, & l'oreille n'eft plus frappée que du fon de la Voyelle.

VI. *Les Consonnes qui terminent une Syllabe se prononcent avec un e muet suppléé.*

Quelques personnes objecteront peut-être, qu'il n'y a rien de si commun que de voir des Consonnes suivre des Voyelles, comme dans ces Syllabes, *al*, *ar*, *el*, *ir*, & cent autres semblables.

Mais que ces personnes fassent attention :

1°. Que la Voyelle qui précede la Consonne n'influe en rien pour la *faire sonner*. (Je ne dis pas pour la *produire* ; car souvent la Voyelle qui précede la Consonne, prête sa force à la Voyelle suivante pour vaincre l'obstacle qui ferme le passage de la voix, & pour produire ainsi la Consonne. Mais cette Voyelle précédente n'est pas celle qui la fait sonner ; car la Consonne ne sonne qu'avec la Voyelle qu'elle modifie, & elle ne peut modifier ou articuler que la Voyelle qui la suit.) Pour s'en convaincre, il n'y a qu'à chanter sur plusieurs Notes ces Syllabes, *al*, *ar*, ou autres semblables. On sentira qu'on ne prononce qu'une pure Voyelle aux premieres Notes, & que ce n'est qu'à la fin de la derniere Note qu'on fait entendre la Confonne.

2°. Que quoiqu'il n'y ait point de Voyelle exprimée après cette Confonne, il faut néceffairement fuppléer un *e muet*, à la vérité extrêmement foible, fans lequel la Confonne ne pourroit point fe faire entendre. Pour faire fentir ceci, prenons pour exemples ces deux mots, *égal*, *defir*, qui fe prononcent de même que ces deux autres, *j'égale*, *je defire*. Or dans ces deux derniers mots, on voit bien que c'eft l'*e muet* qui fait fonner les Confonnes, *l* & *r*. C'eft donc le même *e muet*, quoique non exprimé, mais fuppléé, qui fait fonner ces mêmes Confonnes, *l* & *r*, dans ces deux mots, *égal*, *defir*.

Il eft bon d'obferver que l'*e muet* n'eft exprimé après la Confonne qu'il fait entendre, que quand cette Confonne & l'*e muet* doivent faire, dans le difcours foutenu, une Syllabe particuliere & détachée de la Syllabe précédente. Car dans le difcours ordinaire & familier, de ces deux Syllabes, on n'en fait le plus fouvent qu'une feule.

VII. *Les Consonnes qui précedent immédiatement une autre Consonne, ne se prononcent de même qu'avec l'e muet.*

Il suit encore de tout ce que nous avons observé ci-dessus, que plusieurs Consonnes ne peuvent se prononcer de suite, qu'en suppléant après chacune de celles qui ne sont pas suivies d'une Voyelle, un *e muet*, dont le son extrêmement foible passe avec tant de rapidité, qu'il n'empêche pas qu'on ne puisse prononcer toutes ces Consonnes dans une seule Syllabe, & d'une seule émission de voix. Ainsi dans la premiere Syllabe de ce mot, *structure*, on entend clairement ces quatre Sons, *se te ru que*, dont les deux premiers & le quatrieme passent si rapidement, qu'ils ne font avec le troisieme, qui est le principal, que la seule Syllabe *struc*.

VIII. *Il faut apprendre aux Commençans à prononcer les Consonnes avec l'e muet, & leur faire dire*, be, de, fe; *au lieu de*, bé, dé, effe, *&c.*

Enfin, pour donner aux Commençans toute facilité à lire & à prononcer plusieurs Consonnes de suite dans une même Syllabe, le meilleur moyen, & le plus naturel, est que, lorsqu'on commencera à leur montrer les Lettres, & à leur faire connoître les Consonnes, on les leur fasse prononcer au moyen de l'*e muet* : *me*, *be*, *pe*, *ve*, *fe*, *je*, *che*, *ze*, *se*, *de*, *te*, *le*, *ne*, *re*, *gue*, *que*, *gne*, & *ille* ; comme à la fin de ces mots, *j'aime*, *je tombe*, *Agag*, *un sac*, *je gagne*, *je trava*ille : & que quand ils connoîtront bien les Voyelles & les Consonnes séparément, on leur fasse connoître & prononcer en un seul son toutes les Syllabes simples, comme, *ma*, *mé*, *mé*, *moient*, *meu*, *mou*, *mon*, &c; ce qu'ils apprendront bien vîte.

Par-là on épargnera, tant aux Maîtres qu'aux Disciples, bien des peines, des embaras, des dégoûts, des impatiences, &c. Il n'y aura plus de Syllabes, si composées & si difficiles qu'elles puissent être, que les Commençans ne puissent venir à bout de prononcer sans peine & sans difficulté.

Prenons pour exemples ces deux mots latins, *scrobs* & *stirps*. (On ne nous accusera pas sûrement d'en choisir de trop aisés.) Je les montre à un enfant qui ne sçait encore que prononcer les Consonnes & les Syllabes simples, comme nous avons expliqué ci-dessus. Il commence à prononcer, *se*, *que*, *ro*, *be*, *se*, & *se*, *ti*, *re*, *pe*, *se*. Je lui dis : Prononcez tous ces sons vîte & d'un seul port de voix. L'enfant dit alors tout d'un coup, *scrobs*, *stirps*, sans peine & sans être obligé de deviner. Cet enfant est donc en état de lire & de prononcer toutes sortes de Syllabes.

Je prends un autre enfant, qui ne connoît non plus que ses lettres, & à qui on les a fait prononcer, *bé*, *cé*, *dé*, *effe*, &c. Je lui montre cette Syllabe, *cla*. Il me dit, en épellant, *cé*, *elle*, *a* : & il en reste là. Il faut que je lui dise, *cla*. Car il ne trouve rien dans tous ces Sons, *cé*, *elle*, *a*, qui puisse lui donner l'idée de *cla*. Il répete après moi, *cla*, comme feroit un écho : & ce ne sera qu'après avoir répeté vingt fois, *cé*, *elle*, *a*, *cla*, qu'il pourra retenir que cet assemblage de lettres se prononce, *cla*. Combien n'aura-t-il pas de peine à apprendre d'autres Syllabes plus difficiles, comme, *blanc*, *creux*, *structure*, &c ? De sorte que, par cette maniere ancienne d'épeller & de faire prononcer les lettres, il faut autant de leçons, plus ou moins longues & difficiles, à apprendre par cœur, qu'il y a de Syllabes dans la Langue. Combien cela ne fait-il pas perdre de temps ? Combien cette ancienne Méthode ne cause-t-elle pas d'embaras, de difficultés, & d'incertitudes à ceux qui apprennent à lire ?

De-là vient que, excepté ceux qui ont fait leurs Etudes, on trouve si peu de personnes qui sçachent passablement lire, quoiqu'ils aient été aux Ecoles pendant plusieurs années. De-là vient encore, que tant de peres & meres ne veulent point envoyer leurs enfans aux Ecoles, parcequ'il faut qu'ils y aillent trop long-tems, & qu'ils ont besoin d'eux : ou que tant d'enfans rebutés par les difficultés qu'ils trouvent à la lecture, y renoncent & ne veulent point apprendre. Enfin, c'est de-là que très peu de personnes aiment la Lecture, & en peuvent profiter ; parceque ne lisant qu'avec beaucoup de peine, les difficultés qu'elles trouvent à chaque instant les empêchent de comprendre ce qu'elles lisent, & ne font que leur rendre la Lecture ennuyeuse & dégoutante.

Article III.

Du nombre des Consonnes.

On ne compte ordinairement dans la Langue Françoise que dix-huit Consonnes. Nous croyons cependant, avec plusieurs habiles Grammairiens, en devoir compter vingt & une, pour les raisons que nous exposerons ci-après, aux *Articles V & VI*.

On verra ces 21 Consonnes exposées dans la Table suivante, & rangées selon les différentes causes qui les produisent.

Celles d'une même espece, c'est-à-dire, qui sont produites par les mêmes dispositions & les mêmes mouvemens des parties de l'organe de la voix, y sont placées l'une vis-à-vis de l'autre, c'est-à-dire, les Consonnes foibles vis-à-vis des Consonnes fortes qui leur répondent.

TABLE

TABLE DES CONSONNES

considérées seulement par rapport à leurs sons.

Consonnes foibles.		Consonnes fortes.
	Cinq Labiales.	
	1. M.	
2. B.	Maxime.	3. P.
Bombe.		Pompe.
4. V.		5. F.
Vin de Grave.		Fief.
	Quatre Sifflantes.	
6. J.		7. Ch.
Joue, dis-je.		Chiche.
8. Z.		9. S.
Zizanie.		Samson.
	Cinq Linguales.	
10. D.		11. T.
D'Inde.		Tinte.
12. L.	13. N.	14. R.
L'asyle.	Narine.	Redire.
	Deux Gutturales.	
15. G.		16. Qu.
Goguenard.		Coquemar.
	Cinq Mouillées.	
17. Gu.		18. Qu.
Gueux.	19. Gn.	Queue.
20. ï.	Regne.	21. ill.
Faïance.		Vaillance.

D

Les cinq premieres Confonnes font nommées *Labiales*, du mot Latin, *labia*, qui fignifie les levres, parcequ'elles font produites par les différentes pofitions & les différens mouvemens des levres. *Voyez ce que nous en avons dit ci-deſſus*, pages 34 & 35.

Les quatre fuivantes font nommées *Sifflantes*, parceque la voix, en fortant, produit une efpece de fifflement: *v* & *f*, que nous avons mis au rang des *Labiales*, font auffi Sifflantes. Ainfi il y a fix Sifflantes, *v*, *f*, *j*, *ch*, *z* & *ſ*. Quelques-uns les appellent encore, *Dentales*, parceque les dents contribuent beaucoup à la production de ce fifflement. Nous l'avons fait voir ci-deffus, page 35, en expliquant la maniere dont on produit le *v* & le *f*.

J & *ch*, fe prononcent en faifant gliffer la voix entre les dents prefque fermées.

Z & *ſ*, fe produifent en faifant gliffer la voix entre la langue & les dents d'en haut.

Les cinq fuivantes fe nomment *Linguales*, parcequ'elles font produites par les différens mouvemens & les différentes pofitions de la langue.

D & *t*, se forment en élevant le bout de la langue, qu'on fait toucher aux dents d'en haut près du palais. C'est ce qui a déterminé quelques-uns à les nommer, mal-à-propos, *dentales*. Je dis *mal-à propos*, parceque les dents ne contribuent en rien à la production de leur son, qui vient uniquement de la situation & du mouvement de la langue. Car on peut prononcer ces mêmes Consonnes, en faisant toucher le bout de la langue au palais, sans toucher aux dents.

L & *n*, se prononcent en faisant toucher le bout de la langue au palais, en l'éloignant davantage des dents.

R : cette Consonne se produit en faisant recoquiller la langue, en l'élevant vers le palais, qu'elle ne touche que très légèrement.

Les sept Consonnes suivantes sont aussi *Linguales*, parcequ'elles se produisent par les différentes positions de la langue. Mais pour les distinguer, on leur donne des noms particuliers.

La quinzieme & la seizieme se nomment *Gutturales*, du mot *guttur*, la gorge ; parcequ'elles se produisent par le mouvement de la langue, qui se gonflant au fond de la bouche à l'entrée de la gorge, ferme le passage de la voix, & l'ouvre ensuite subitement en se dégonflant. Ces deux Consonnes ne se prononcent qu'avec ces six Voyelles, *a*, *e* muet, *o*, *ou*, *an* & *on* ; & jamais avec les sept autres, qui sont affectées aux *g* & *qu* mouillés.

Les cinq dernieres Consonnes se nomment *Consonnes mouillées*, parceque les différentes positions de la langue, qui s'élevant par son milieu, va s'appliquer au palais, excitent la salive, & rendent humide le passage de la voix.

De ces cinq Consonnes, les deux premieres, qui sont les dix-septieme & dix-huitieme dans la Table ci-dessus, se représentent par les mêmes caracteres, que les deux Gutturales ; c'est ce qui fait qu'on les confond ensemble. Nous montrerons ci-après, à l'*Article V*, la réalité de ces deux Consonnes, & en quoi elles different d'avec les deux Gutturales. Nous nous contenterons de dire ici, que ces deux Consonnes ne se prononcent qu'avec les Voyelles, *é* ou *ai*, *è*, *eu*, *i*, *u*, *ain* ou *in*, & *un*.

La vingtieme Consonne, *ï*, est aussi confondue par un très grand nombre de perſonnes, avec la Voyelle *i*, parceque la reſſemblance des caracteres fait qu'on ne fait pas attention à la différence eſſentielle qu'il y a entre le Son de cette Conſonne *i*, & celui de l'*i* Voyelle. Nous tâcherons de faire ſentir cette différence, ci-après, à l'*Article V.*

A toutes ces Conſonnes, on joint ordinairement la lettre *h*, qui n'eſt ni Conſonne ni Voyelle, puiſqu'elle ne repréſente aucun Son, mais ſeulement une Aſpiration forte qui ſe fait en prononçant une Voyelle ; comme dans ces mots, *la honte, la haine, le hâle.* Il n'y a qu'environ cent vingt mots dans la Langue Françoiſe où elle ait cet uſage : elle eſt parfaitement inutile dans tous les autres mots.

ARTICLE IV.

Avantages de l'ordre qu'on a ſuivi dans la Table des Conſonnes.

L'ordre que nous avons ſuivi dans la Table précédente, en expoſant les Conſonnes, paroîtra peut-être nouveau & ſingulier à pluſieurs perſonnes.

D iij

Il a cependant déja été proposé, & suivi, à quelques légeres différences près, par de très habiles Grammairiens. Nous avons cru le devoir préférer à l'ordre alphabétique qu'on fuit ordinairement, parcequ'il nous a paru être plus naturel, & renfermer des avantages confidérables.

1°. Il fait fentir, &, pour ainfi dire, toucher au doigt, les rapports que les Confonnes ont entre elles, en rapprochant & mettant fous les ieux toutes celles qui proviennent des différentes difpofitions & des différens mouvemens d'un même organe : ce qui les rend plus aifées à retenir.

2°. Il fait encore fentir d'une maniere palpable, les différences qui fe trouvent entre les Confonnes qui proviennent de la même difpofition d'un même organe, c'eft-à-dire, entre les foibles & les fortes; différences qu'on a bien de la peine à mettre dans la tête des enfans, & que des perfonnes raifonnab'es ne conçoivent que très difficilement. Combien ne voit-on pas de gens qui, foit en parlant, foit en écrivant, confondent, *b* avec *p* : *v* avec *f* : *j* avec *ch* ; *z* avec *f* : ou bien, *z* avec *j* :

& *ch* avec *s*: *d* avec *t* : *g* avec *qu*: &c. Les uns ayant, comme on dit ordinairement, la mâchoire lourde, ne prononcent que les Consonnes fortes, & ne peuvent s'accoutumer à prononcer les foibles. D'autres, sur-tout les femmes, ont une prononciation si molle & si lâche, qu'il semble qu'ils craignent de se blesser la bouche en prononçant les Consonnes fortes. Telles sont la plupart des personnes qui ont ce qu'on appelle *le parler gras*, que quelques-uns affectent comme si cette maniere de prononcer étoit du bel air. D'autres enfin, quoique gens d'esprit, ne peuvent cependant fixer leur imagination sur la valeur de ces Consonnes, qu'elles mettent souvent l'une pour l'autre, & prononcent ou écrivent, *carder* pour *garder*, &, *garder* pour *carder* ; *cran* pour *grand*, &, *grand* pour *cran* ; *de la poutre* pour *de la poudre*, &, *une poudre* pour *une poutre* ; *l'ache*, ou *l'asse*, ou *l'aze*, pour *l'âge*.

Or pour fixer invariablement la vraie prononciation des Consonnes, & la valeur des caracteres qui les représentent, rien ne paroît meilleur que de les mettre, ainsi que nous avons fait, en opposition les unes vis-à-vis des autres, les foibles vis-à-vis les fortes, & de ranger dans les mêmes classes, celles qui sont produites par les mêmes organes.

Article V.

Des trois Consonnes mouillées, gu, qu & ï.

La plupart des Grammairiens ne comptent que 18 Consonnes. Cependant on en trouve 21 dans la Table ci-dessus. C'est trois de plus, qui sont, un *gu*, un *qu* mouillés, & un *i* mouillé foible, opposé à *ill*, qui est une Consonne forte.

Ces trois Consonnes, qui sont très réelles, & que de très habiles Grammairiens ont bien distinguées, n'ont point de caracteres propres pour les représenter. Les mêmes lettres, *g* ou *gu*, *qu* ou *c*, servent à représenter les Consonnes ou Articulations mouillées de ces mots, *gai*, *gué*, *quai*, *caisse*, aussi bien que les Consonnes gutturales de ces autres mots, *gare*, *vogue*, *qualité*, *calice*. Les Lettres *i* & *y* désignent autant la Voyelle *i* dans ces mots, *laïc*, *il y a*, que la Consonne mouillée *i* dans ces autres mots, *païen*, *moyen*.

Cette ressemblance de caracteres pour des Consonnes si différentes, fait qu'on prononce tous les jours les unes & les autres sans y faire réflexion, & sans soupçonner même qu'il puisse y avoir entre elles quelque différence. Ce qui forme un préjugé, dont quantité de personnes ont beaucoup de peine à se désabuser.

§. I. Gu & qu *mouillés*.

Si l'on veut cependant faire attention à la maniere dont on prononce les Consonnes *g* ou *gu*, *c* ou *qu*, avec les Voyelles, *é*, *ai*, *e* ouvert, *eu*, *i*, *u*, *ain*, *in*, & *un*; comme dans ces mots, *gué*, *gai*, *guet*, *guêtres*, *vigueur*, *gui*, *aigu*, *gain*, *marqué*, *quai*, *loquet*, *qu'est-ce*, *laquais*, *belliqueux*, *qui*, *publicain*, *le quint*, *chacun*, on pourra s'appercevoir aisément, que la prononciation en est bien différente de celle des Consonnes gutturales. 1°. Elles font une toute autre impression sur l'oreille,

Ga & *qua*, rendent un fon bien plus dur que, *gai* & *quai*. 2°. Lorfqu'on les prononce, il fe fait dans la bouche un mouvement fort différent. Car l'Articulation qui produit *ga* & *qua*, fe fait au fond de la bouche vers la gorge, la langue fe gonflant vers fa racine, & fe dégonflant enfuite fubitement ; au lieu que pour l'Articulation qui produit *gai* & *quai*, la langue s'élevant par fon milieu, va s'appliquer au palais, & fe remet tout d'un coup dans fa fituation naturelle.

Ces Confonnes mouillées, *g* & *qu*, pourroient abfolument fe prononcer avec les Voyelles, *a*, *o*, *u*, &c, comme avec, *é*, *è*, *eu*, *i*, &c ; & de même les Confonnes gutturales pourroient fe joindre à toutes fortes de Voyelles. Mais il a plu au génie de la Langue Françoife de partager les Voyelles entre ces deux efpeces de Confonnes ; de n'accorder aux Gutturales que ces fix Voyelles, *a*, *e* muet, *o*, *ou*, *an* & *on*, & de donner les fept autres, *é*, *è*, *eu*, *i*, *in* & *un*, aux *g* & *qu* mouillés.

Ce partage, felon toutes les apparences, eft en partie caufe qu'on n'a point assigné à ces deux especes de Consonnes différens caracteres pour les représenter, parcequ'il n'y a gueres lieu de se méprendre en prononçant une mouillée au lieu d'une gutturale, ou une gutturale au lieu d'une mouillée, la vue de la Voyelle déterminant quel est le son qu'on doit donner à la Consonne.

Mais, en même temps, il est la cause que les esprits, distraits par la vue des mêmes caracteres *g* & *qu*, ne font pas attention, qu'on les prononce autrement avec *a*, par exemple, qu'avec *é*; & qu'ainsi ils ne s'apperçoivent pas de la différence bien réelle qui se trouve entre ces deux especes de Consonnes : quoique, lorsqu'on les prononce, on leur donne le vrai son que chacune doit avoir, avec les Voyelles qui lui sont affectées; & que même on sçache bien se moquer de ceux qui les prononcent avec des Voyelles qui ne sont pas de leur district ; comme par exemple, de ceux qui prononcent *qualité* avec un *qu mouillé*, ou, *laquais* avec un *qu guttural*.

§. II. *Du* ï mouillé.

Avec un peu d'attention, on remarquera de même très aisément, que *i mouillé* est une Consonne foible, qui répond à *ill*, qui est de toutes nos Consonnes la plus difficile à prononcer. Aussi voit-on beaucoup de gens qui, au lieu de prononcer cette Consonne forte, *ill*, lui substituent ce *i mouillé*, qui est beaucoup plus doux, & disent, *pa-ie*, *Versa-ïes*, *travaier*, au lieu de *paille*, *Versailles*, *travailler*.

Pour se convaincre pleinement de la réalité de cette Consonne, il suffiroit, je pense, de comparer ensemble ces deux mots, *Abbaye* & *paye*, qui du côté de l'Ecriture ont la même terminaison, quoique l'on en prononce bien différemment les dernieres Syllabes. Dans l'un & dans l'autre, le caractere *y* tient la place de deux *ii*, dont le premier appartient aux Syllabes *bai*, & *pai* : le second *i* fait partie de la derniere Syllabe : *Abbai-ie*, *pai-ïe*. Dans ce mot *Abbai-ie*, on entend clairement le son du second *i*. Mais il n'en est pas de même dans le mot *pai-ïe*, qui ne peut rimer avec *Abbai ie*.

Or ce second *i*, du mot *pai-ie*, est une Consonne, & en a tous les caracteres. 1°. Il ne peut se prononcer seul comme les Voyelles; il faut nécessairement le joindre à une Voyelle, au moins à un *e muet*. Si on en doute, qu'on tâche de supprimer l'*e muet* de ce mot, *paye*, & on verra qu'il est impossible de le faire sans en anéantir la derniere Syllabe, & il ne restera plus que la Syllabe *pai* : au lieu qu'en supprimant l'*e muet* du mot *Abbaye*, il restera toujours à la derniere Syllabe le son du second *i*, qu'on fera bref, quoiqu'il doive être long ; *Abbai-i*.

2°. Après ce *i mouillé*, s'il n'y a point de Voyelle, il faut, pour le prononcer, suppléer nécessairement un *e muet*, comme après toutes les autres Consonnes. Dans l'exclamation *ai*, on supplée le son foible de l'*e muet*. Car sans cela, il faudroit prononcer *ai*, comme è, ou é, ou *a-i*. On n'entend aucun de ces Sons. Mais on entend *a-ie*, prononcé d'un son moins fort que, *ail*. La lettre *i* n'est donc point ici une Voyelle, puisqu'on n'entend point d'*i* dans ce mot, *ai*. C'est donc une Consonne foible, qui sert à articuler le son de l'*e muet*, qu'on entend, quoiqu'il ne soit point exprimé.

3°. Cette Consonne peut articuler toutes sortes de Voyelles, même la Voyelle *i*. Dans la seconde Syllabe de ce mot, *nous payions*, qui se prononce autrement que, *nous payons*, & qu'on peut partager ainsi, *pai-iions*, on n'entend distinctement qu'un seul *i*, mais articulé ; parconséquent le premier *i* de cette seconde Syllabe est une Consonne.

Un Grammairien, de la Société Littéraire d'Arras, objecte, que si dans les exemples proposés ci-dessus, *i* est Consonne, il le sera aussi dans ces mots, *bien*, *mieux*, & qu'il faudra faire aussi des Consonnes de *u* & de *ou*, quand ils précéderont des Voyelles, comme dans ces mots, *huile*, *oui*. La raison qu'il en apporte, c'est que *les parties de la bouche ne sont point arrangées, quand on prononce* i, u & ou, *dans* mieux, huile, oui, *précisément comme elles le sont quand on prononce ces Sons dans* ignorant, *dans* union, *& dans* ouvrage.

Si ce différent arrangement des parties de la bouche est aussi réel que cet Auteur le prétend, il faut avouer qu'il n'eſt pas bien ſenſible. Mais, en lui donnant toute la réalité qu'il voudra, il ne s'enſuivra jamais qu'on puiſſe faire des Conſonnes de ces trois Voyelles, *i*, *u*, *ou*, dans les mots qu'il propoſe. Car 1°. on entend toujours leur Son, bien diſtingué de la Voyelle ſuivante. 2°. On peut abſolument ſéparer ces trois Voyelles, & les prononcer ſeules, *mi - eux*, *hui - le*, *ou - i*. Ce ſeroit à la vérité mal prononcer ; mais le diſcours n'en deviendroit pas pour cela obſcur & inintelligible. Eſt - il poſſible d'en faire autant à ces mots, *paye*, *payons* ? Si je prononçois ainſi, *il a reçu ſa pai-i-e* ; qui eſt-ce qui comprendroit ce que je voudrois dire ? Si je diſois, *lorſque nous pai-i-ons*, ne penſeroit-on pas que je parle d'un payement paſſé, tandis que je veux parler d'un payement préſent ? & on ne m'entendroit pas. D'où il faut conclure que ce *ī mouillé*, étant inſéparable de la Voyelle ſuivante, eſt une Conſonne véritable, au lieu que dans les exemples de notre Grammairien, l'*i*, l'*u* & l'*ou* ne ſont que de pures Voyelles.

Nous conviendrons cependant, avec quelques autres Grammairiens, que nul

Son n'approche plus de la Voyelle *i* que ce *i mouillé*. En effet, pour prononcer l'*i voyelle*, & le *i mouillé*, la langue eſt à-peu-près dans la même ſituation. Toute la différence (eſſentielle cependant) qui s'y trouve, & qui rend le dernier Conſonne, c'eſt que pour prononcer l'*i voyelle*, la langue, qui s'approche beaucoup du palais, laiſſe un intervalle, à la vérité très petit, par lequel la voix coule librement ; au lieu que pour le *i mouillé*, elle bouche entiérement, ou en partie, le paſſage de la voix : & lorſque ce paſſage vient à s'ouvrir, la voix éclate bruſquement, & produit le ſon de ce *i mouillé*, qui s'unit tellement à la Voyelle ſuivante, qu'on n'entend plus qu'un ſeul ſon articulé.

Quand le paſſage de la voix n'eſt pas entiérement fermé, la voix qui s'échape fait entendre d'abord le ſon plus ou moins foible de la Voyelle *i* ; & dans l'inſtant même, le mouvement ſubit de la langue qui ſe remet dans ſa diſpoſition naturelle, change ce ſon *i*, en un *i mouillé* qui articule la Voyelle ſuivante. C'eſt ce qui arrive lorſqu'on prononce certains mots, comme, *Naïade*, *Pléïade*,

Pléïade, *nous suppléions*, *nous louïons*, dont l'*ï* tient & de la Voyelle *i*, & un peu du *i mouillé*. C'est peut-être pour cela que quelques-uns l'appellent *demi-Consonne*. Si on vouloit absolument prononcer ces mots, *Naïade*, &c, sans que l'*i* contractât rien du Son mouillé, il faudroit, en le prononçant, le séparer de la Voyelle suivante, & dire, *Na-i-ade*, *Plé-i-ade*, *nous supplé-i-ons*, *nous lou-i-ons* ; & on feroit ainsi mal-à-propos deux Syllabes de ce qui n'en doit faire qu'une. On entendroit cependant toujours ce qu'on voudroit dire. Mais on n'en peut pas faire autant en prononçant ces mots, *ai*, exclamation de douleur, *paye*, *payons*, *payions* ; car, comme nous l'avons déja fait observer, on ne peut pas prononcer, *a-i*, *pai-i-e*, *pai-i-ons*, *pai-i-i-ons*, sans rendre le discours inintelligible, ou le faire prendre à contre sens. D'où il faut conclure, que dans ces derniers mots, & d'autres semblables, le *ï mouillé* est une Consonne pleine ; puisque l'on n'y entend rien du son de l'*i voyelle*, & que le *ï mouillé* ne fait qu'un seul Son avec la Voyelle suivante, ou avec l'*e muet*, qu'on est obligé de suppléer :

au lieu que dans, *Pléiade*, *nous louions* &c, ce n'eſt qu'un *i voyelle* qu'on veu prononcer, & ce n'eſt qu'accidentelle ment que cet *i* ſe change en *i mouillé*.

ARTICLE VI.

Utilité de la connoiſſance de ce trois Conſonnes. Uſage qu'ui Maître en doit faire. Différen tes manieres de les repréſenter.

Les réflexions qu'on vient de faire ſur ces trois Conſonnes mouillées, *g qu* & *ï*, paroîtront peut-être plus cu rieuſes qu'utiles, à certaines perſonnes qui conviendront même de leur juſteſſe & de la réalité de ces trois Conſonnes A quoi bon, diront-elles, tant inſiſter ſur des Sons qui ſe produiſent, pou ainſi dire, machinalement, & ſans qu'on y faſſe attention ?

Mais 1°. N'eſt-il pas très important de faire connoître à un François tous les Sons & toutes les Articulations qui ſont d'uſage dans ſa Langue ? N'eſt-il pas eſſentiel, puiſqu'on eſt obligé de fair une exacte énumération des Conſonnes, de rendre cette énumération complette, en exprimant toutes les Consonnes, même celles auxquelles le défaut de caracteres propres à les représenter empêche de faire attention ?

2°. Cette connoissance n'est-elle pas nécessaire pour enseigner aux Etrangers tous les Sons de notre Langue ? Et, sans parler des Etrangers, combien ne voit-on pas de personnes, surtout de certaines Provinces de France, qui prononcent de la gorge ces mots, *gai, gain, qui, qu'est-ce, laquais*, & mille autres semblables ? ce qui rend leur parler extrêmement dur & désagréable. Combien ne voit-on pas encore de personnes, à la vérité peu instruites, qui ne sçavent comment prononcer ce *i mouillé*, lorsqu'il se rencontre dans leurs Lectures, parcequ'ils le confondent avec un *i voyelle*, & qu'ils n'en ont pas d'autre idée que celle de l'*i voyelle ?* Ils se trouvent arrêtés tout d'un coup, & ne peuvent déchiffrer ni comprendre des mots, qu'ils prononcent tous les jours dans la conversation avec toute l'aisance possible. Car il n'y a pas de Son plus aisé à prononcer que le Son du *i mouillé* foible, ni qui se forme plus naturellement.

Or ces perſonnes tomberoient-elles dans de tels inconvéniens, ſi elles avoient eu des Maîtres vraiment inſtruits de tous les différens Sons de notre Langue, qui les euſſent garanties ou guéries de ces mauvaiſes habitudes, en leur apprenant comment il faut prononcer ces Conſonnes dans les différentes occaſions.

On ne doit pas cependant conclure de ceci, qu'il faille qu'un Maître entreprenne de mettre toutes ces diſtinctions dans la tête des Commençans. Il ne feroit que les jetter, & ſe jetter lui-même, dans des embaras inſurmontables, qui ne ſerviroient qu'à les fatiguer, les dégouter, & les retarder, bien loin de les avancer. Il faut obſerver que ceux qui apprennent à lire, ſçavent déja parler juſqu'à un certain point. Leurs oreilles ſont accoutumées à ces Sons. Ils prononcent tout naturellement, *gai, caiſſe, qui*, autrement que *gare, caſſe, quoi*. Ils diſent fort bien, *de la faïance, un moyen*. Toute leur attention ſe borne à lier à des caracteres ces Sons, qu'ils connoiſſent déja par l'uſage, & à apprendre quels ſont les caracteres deſtinés à les repréſenter. Ils ne font d'ailleurs nulle attention à la différence qui se trouve entre ces différens Sons exprimés par les mêmes Lettres. Ainsi le Maître doit laisser, pour ainsi dire, agir la nature, & abandonner ses Disciples à eux-mêmes, tant qu'ils iront bien. Mais lorsqu'il entendra un enfant prononcer avec un *c gutrural* ce mot, *caisse*, comme le mot *casse*, ou prononcer, *qualité*, avec un *qu mouillé*, comme ce mot, *laquais* ; c'est alors qu'il devra l'arrêter, & faire son possible pour garantir ou guérir cet enfant de cette mauvaise prononciation ; & pour cela il faut que le Maître soit instruit des différens sons que ces lettres, *g*, *qu*, *i*, *y*, représentent.

C'est pourquoi nous n'insisterons pas davantage sur ces trois Consonnes ; & lorsque nous parlerons des caracteres ou lettres qui servent à représenter les Sons, & que nous donnerons des Tables pour l'usage des Commençans ; nous n'exposerons que dix-huit Consonnes, comme la plupart de nos Grammairiens ; nous contentant de renvoyer à ce que nous avons expliqué dans ce Chapitre.

Cependant, pour ne rien laisser à

désirer sur ce sujet, nous marquerons ici les différentes manieres de repréfenter ces trois Confonnes.

1°. La Confonne mouillée *gu*, se repréfente par un *g* fimple, devant *ai* & *ain* ; exemples, *gai*, *gain* : par *gu*, devant *e*, foit *ouvert*, foit *fermé*, & devant *eu*, *i* & *in* ; exemples, *gué*, *guet*, *gueux*, *guide*, *guindé*. Elle fe repréfente encore par *gui*, dans ces deux mots, *figuier*, *viguier* : mais alors elle a un fon un peu plus mouillé.

2°. La Confonne mouillée *qu*, fe repréfente par *c*, devant *ai*, *ain* & *un* ; exemples, *caiffe*, *publicain*, *chacun*. Ordinairement elle eft repréfentée par *qu*. Dans les mots tirés du Grec, on l'écrit par *ch*, comme dans, *Cherfonèfe*, *Archi-Epifcopal* ; & par *k* dans des mots étrangers, comme ces noms de villes, *Kelles*, *Kenoque*, *Kiovie*. Enfin, on la repréfente par *qui*, dans ces mots, *Echiquier*, *Perruquier*, & deux ou trois autres femblables : mais alors on la prononce d'un fon un peu plus mouillé.

3°. La Confonne mouillée *i*, fuivant le fentiment de nos meilleurs Grammairiens, ne devroit être repréfentée que par cet *i*, que les Imprimeurs appellent *i trema*, dans tous les mots où il n'eſt pas précédé d'un autre *i*. Ainſi on devroit toujours écrire, *paien*, *aieul*, *faiance*, &c. Cependant bien des perſonnes écrivent encore ces mots par un *y grec*, qui ne devroit être employé que dans les cas dont nous allons parler.

Dans tous les autres mots, ou le *ï mouillé* eſt précédé d'un autre *i*, à la place de cet *i* & du *ï mouillé*, on met un *y grec*, dont la jambe gauche & la plus courte, tient la place de cet *i*, qui fait partie de la Syllabe précédente; & la plus longue jambe, qui eſt à droite, repréſente le *ï mouillé*, comme dans ces mots, *moyen*, *payeur*, *eſſayons*.

Tel devroit être le ſeul & unique uſage de l'*y grec*, au milieu des mots. C'eſt pourquoi il ſeroit à ſouhaiter qu'on n'écrivît pas, par un *y grec*, ces mots, *pays*, *nous pryons* (de l'Imparfait) *Abbaye*, &c, parcequ'il n'y a point de *ï mouillé* dans ces mots; & qu'on s'accoutumât à les écrire par deux *ii*, *paiis*, *priions*, *Abbaiie*, (*a*) ſurtout ce dernier mot, *Abbaiie*, afin que les Etrangers ne ſoient pas tentés de le prononcer

---

(*a*) On pourroit encore écrire, *Abbéie*, & ce ſeroit peut-être le mieux.

comme le mot *paye*. Si tout le monde ne convient pas de l'utilité de cette légere réforme, il est du moins certain qu'on ne doit pas admettre d'*y grec*, ni d'*i trema*, dans, *baie*, *voie*, *joie*, &c, parcequ'il n'y a point de *ï mouillé* dans ces mots ; mais seulement la Voyelle *ai*, ou la Diphthongue *oi*, qu'on prononce en traînant un peu la voix.

Article VII.

Utilité de la connoissance du méchanisme des Consonnes.

Il nous a paru nécessaire de donner, en exposant les Consonnes, une idée légere, mais la plus claire & la plus sensible que nous avons pu, de leur méchanisme ; c'est-à-dire, des divers mouvemens, & des diverses positions, soit des levres, soit de la langue ou des dents, qui contribuent à donner à la voix ces différentes Articulations. S'il reste quelque chose à desirer sur ce sujet, ce ne peut être qu'à l'égard des cinq Consonnes mouillées, & des deux liquides *l* & *n*, dont nous n'avons pu exposer le méchanisme qu'en général, sans expliquer les petites différences, qui se trouvent dans la maniere dont se fait le mouvement de la langue pour la prononciation de chacune de ces Consonnes, & dans les parties du palais auxquelles la langue va s'appliquer. Ces petites différences sont sensibles à ceux qui veulent faire une assez grande attention pour les remarquer. Mais il ne nous a pas été possible de trouver des termes assez clairs pour les exprimer.

Ce qui nous a déterminés à entrer dans ce détail, c'est que, comme nous l'avons déja fait voir, rien n'est plus propre à faire connoître la nature des Consonnes, que de représenter la maniere dont elles se produisent.

D'ailleurs il nous a paru qu'il étoit d'une grande importance aux Maîtres, d'avoir quelque connoissance de ce méchanisme, pour en faire usage dans les occasions. Il n'est pas rare de voir des enfans, que la Nature seule n'instruit pas assez de la maniere dont ils doivent s'y prendre pour prononcer certaines Consonnes, quelque desir qu'ils en aient, & quelques efforts qu'ils fassent pour y parvenir. Il faut donc suppléer par l'Art, ce que la Nature n'a pu leur apprendre ; & pour cela, il eſt néceſſaire qu'un Maître fçache ce qu'il faut faire pour prononcer telles ou telles Conſonnes. On nous permettra de prouver cette néceſſité par les deux faits ſuivans.

1°. Un enfant, juſqu'à l'âge de ſept ans environ, n'avoit jamais pu prononcer les Conſonnes gutturales, g & *qu*, au lieu deſquelles il prononçoit, *d* & *t*. Ainſi il diſoit, *totemar* pour *coquemar*, *dans* pour *gants*, *douter* pour *goûter*, &c ; ce qui ſouvent empêchoit qu'on ne comprît ce qu'il vouloit dire. Un Particulier vient dans la Maiſon, prend l'enfant, lui poſe le doigt ſur le bout de la langue, & le fait prononcer. La langue de l'enfant, retenue par le doigt, ne pouvant ſe relever, ſe gonfle vers ſa racine, & l'enfant prononce diſtinctement, *ga*, *ca*, *go*, *co*, &c. On réitéra ce petit exercice deux ou trois jours de ſuite, & depuis l'enfant prononça toujours bien ces deux Conſonnes.

2°. Une petite fille de cinq ans, qui ne manquoit pas de babil, parloit cependant ſi mal, qu'on ne pouvoit comprendre ce qu'elle diſoit. Elle ne pouvoit pas prononcer, *l* & *r* ; elle diſoit toujours, *ta*, *te*, *ti*, *to*, *tu*, au lieu de, *la*, *le*, *li*, *lo*, *lu*, & de, *ra*, *re*, *ri*, *ro*, *ru*. On la mena un jour chez un Curé, qui pour essayer de lui faire prononcer ces Consonnes, lui plaça avec son doigt le bout de la langue vers le palais, & lui ordonna de l'y laisser, de bien regarder ce qu'il feroit en prononçant, & de faire comme lui. Dans l'instant la petite fille prononça distinctement, *la*, *le*, *li*, *lo*, *lu*. Le Curé eut plus de peine pour la Consonne *r*, parcequ'il falloit lui faire recoquiller la langue. Enfin il en vint à bout, & elle prononça, *ra*, *re*, *ri*, *ro*, *ru*. Ce petit exercice dura un bon quart d'heure.

C'est par la connoissance qu'on a du méchanisme de la prononciation, que plusieurs personnes sont venues à bout de faire parler distinctement des sourds & muets de naissance. Ces personnes placent les sourds & muets devant une grande glace; leur disposent les levres, la langue, &c, dans la situation où ces organes doivent être pour prononcer tel ou tel Son, & leur ordonnent de regarder dans le miroir, de faire tout ce qu'ils verront faire à leur Maître, & de prononcer en même-temps les mêmes

Syllabes. En réitérant souvent ces exercices, avec le temps & une très grande patience, elles sont parvenues à faire parler distinctement des sourds de naissance, & à leur faire prononcer toutes sortes de Syllabes. Mais le parler de ces sourds est disgracieux, en ce qu'ils ne prononcent les mots que par Syllabes détachées : *Mon...si...eur. L'o...bli...ga..ti..on*. Peut-être que si on les faisoit parler plus souvent & plus long-temps, on les accoutumeroit à donner à leurs organes assez de souplesse & de mobilité pour prononcer les mots tout de suite, sans mettre ainsi un intervalle entre chaque Syllabe.

Il est bon de remarquer que les sourds de naissance prononcent de la gorge ces Syllabes , *gai*, *gain* , *gui* , *quai* , *quint* , *qui* , &c ; quoiqu'il soit plus facile de les prononcer d'un son mouillé. Cela ne vient que de ce que leurs Maîtres n'avoient pas fait assez d'attention à ces *Consonnes mouillées*, qui se produisent par des mouvemens de la langue fort différens de ceux qui servent à former les Consonnes gutturales.

CHAPITRE III.
Des Sons articulés, des Syllabes & des Mots.

Une Voyelle seule, comme nous l'avons fait voir, forme un Son, qu'on appelle *Son simple*.

Une Consonne & une Voyelle ne font pas deux Sons, mais un seul Son, que l'on nomme *Son articulé*.

Ainsi, un *Son articulé* n'est qu'une Voyelle modifiée ou nuancée par une Consonne.

Les Sons, soit *simples*, soit *articulés*, servent à former les Syllabes.

Ce mot, *Syllabe*, vient d'un mot grec, qui signifie *assemblage*, parceque presque toutes les Syllabes sont un assemblage de Consonnes & de Voyelles. Ce nom, à le prendre dans sa signification propre, ne devroit pas convenir à celles qui ne sont formées que par une simple Voyelle. Mais comme ces Syllabes ne sont qu'en très petit nombre, & que d'ailleurs elles figurent dans le discours tout aussi bien que les autres, on leur donne le même nom, considérant plutôt leur nature que l'étimologie de ce mot, *Syllabe*.

Il y a plusieurs sortes de Syllabes : des Syllabes simples, & des Syllabes composées.

Les Syllabes simples sont celles qui ne présentent à l'oreille qu'un seul Son, soit *simple*, soit *articulé*. Ce mot, *a-li-é-na-ti-on*, est composé de six Syllabes simples, dont la premiere, la troisieme & la sixieme sont formées par des Sons simples, & les trois autres par des Sons articulés.

Les Syllabes composées sont celles qui font entendre plusieurs Sons. Les quatre mots suivans, *vrai*, *bien*, *ciel*, *bloc*, font autant de Syllabes composées, dont les deux premieres contiennent chacune deux Sons, *ve-rai*, *bi-en*, les deux autres en font entendre trois, *Ci-e-le*, *be-lo-que*.

Il y a des Syllabes plus rares, qui font entendre quatre & cinq Sons. Nous en avons donné la preuve ci-dessus, dans la premiere Syllabe de ce mot, *structure*, & dans ces mots latins, *scrobs*, & *stirps*.

Ces Sons prononcés chacun séparément, chacun par une impulsion de voix particuliere, feroient autant de Syllabes : mais prononcés, comme il faut réellement les prononcer, rapidement & d'une seule impulsion de voix, ils n'en font qu'une.

Puis donc qu'une seule Syllabe peut faire entendre jusqu'à quatre ou cinq Sons, il est évident que ce n'est pas l'unité de son, mais que c'est l'unité d'impulsion ou d'émission de voix qui constitue l'essence de la Syllabe.

Ainsi la Syllabe est une seule impulsion ou émission de voix, qui fait entendre un ou plusieurs Sons, soit simples, soit articulés.

Il arrive souvent que dans la conversation, on ne fait qu'une seule Syllabe, de ce qui en devroit faire deux. C'est ainsi qu'on prononce *av'nir, j'veux, trouv'ra*, pour, *avenir, je veux, trouvera*, parcequ'on coule trop vîte sur l'*e-muet*. C'est ce qui fait que quelquefois dans la prononciation, on ne met aucune différence entre, *fondra*, du Verbe *fondre*, & *fondera*, du Verbe *fonder*, & qu'on prononce, *il fond'ra* un Hôpital, comme, *il fondra* une cloche. Nous ne prétendons pas approuver toutes ces manieres de parler, même dans la conversation.

Mais il est bon de remarquer, que lorsqu'on fait ainsi une seule Syllabe de ce qui en devroit faire deux, si des deux Consonnes qu'on rapproche alors, & qu'on joint ensemble, on veut prononcer celle qui est forte, il faut nécessairement changer l'autre Consonne, qui est foible, en la forte qui lui répond, & ainsi prononcer deux Consonnes fortes. Si au contraire c'est la Consonne foible qu'on veut prononcer, il faut substituer une Consonne foible à la place de l'autre Consonne forte, & prononcer ainsi deux Consonnes foibles. Par exemple, si des deux Syllabes de ce mot, *cheval*, je n'en veux faire qu'une, & que je veuille prononcer la Consonne forte *ch*, il faudra nécessairement que je change le *v* qui suit, en *f*, qui est la Consonne forte qui répond au *v*, & que je prononce *ch'fal*. Si au contraire c'est la Consonne foible *v* que je veux faire entendre, il faudra alors que je change le *ch* qui précéde, en *j*, qui est la Consonne foible qui lui répond, & que je prononce *j'val*.

La raison de ce changement est sensible. Puisque de deux Syllabes on n'en fait qu'une, il n'y a plus qu'une seule impulsion

impulsion ou émission de voix. Or il est impossible de pousser la voix fortement & foiblement dans le même instant. Il faut qu'elle soit ou toute forte ou toute foible. C'est ce qui fait que, quoiqu'on écrive, *abstrait*, *obtenir*, *presbytere* & *Cap Verd*, on prononce *apstrait*, *optenir*, *prezbytere*, *Cab-Verd*; en changeant *b* en sa forte *p*, à cause des Consonnes fortes qui le suivent.; & le *s* & le *p*, en leurs foibles *z* & *b*, à cause des Consonnes foibles qui sont ensuite.

Après tout ce que nous avons expliqué dans ce Chapitre, il paroît inutile d'avertir que c'est le nombre des Sons, & non pas la multiplicité des lettres qui forme une Syllabe composée. Une Syllabe est toujours simple, lorsqu'elle ne présente qu'un seul Son, quand même ce Son seroit représenté par trois, quatre, cinq, six, & même sept Lettres. Telles sont les Syllabes qui composent les mots suivans, *ils changeoient les sceaux*. Nous expliquerons cela plus amplement dans la seconde Partie, où nous parlerons des différentes manieres de représenter les Sons, par le moyen des Caracteres ou Lettres.

Les Syllabes servent à former les

Mots ou les paroles, c'est-à dire, ces différens Sons auxquels nous attachons nos idées, & par lesquels nous faisons connoître nos pensées à ceux qui nous écoutent.

Il y a des Mots qui n'ont qu'une seule Syllabe. On les appelle *Monosyllabes*, du mot grec *monos*, qui veut dire *seul*. Les mots qui composent la phrase suivante, sont tous Monosyllabes. *On n'est pur & saint, que quand on ne vit que pour Dieu, qu'on met tout son bien en Dieu, qu'on hait le mal, & qu'on fait tout ce que la Loi de Dieu nous dit.*

Les autres Mots sont composés de plusieurs Syllabes. Il n'y en a gueres dans notre langue qui en aient plus de sept. Ce mot latin *constantinopolitanensibus* en a dix.

SECONDE PARTIE.

Des Caracteres ou Lettres qui servent à représenter les Sons.

CHAPITRE PREMIER.

Nécessité de l'Ecriture. Comment elle a été inventée. De la destination & des différentes formes des Lettres.

IL ne suffisoit pas à l'homme, créé pour vivre en société avec ses semblables, de pouvoir transmettre ses pensées & les faire connoître aux autres hommes, par le moyen de certains Sons combinés, auxquels ils seroient convenus d'attacher leurs idées. Ce moyen lui donne, à la vérité, l'avantage de converser avec ceux qui sont présens devant lui & à portée de l'entendre. Mais combien l'homme n'a-t-il pas de besoins, qui lui rendent nécessaire le secours de ceux même qui sont les plus éloignés ; secours dont il seroit privé, s'il ne pouvoit leur communiquer ses pensées & ses desirs?

Il a donc fallu inventer d'autres signes visibles & portatifs, au moyen desquels il pût faire connoître aux absens ses pensées & ses volontés les plus secretes. On commença par peindre, en tout ou en partie, les objets, ou du moins les traits caractéristiques des objets, qu'on vouloit faire connoître aux absens : & comme tous les objets de nos pensées ne sont pas visibles & sensibles, il fallut inventer des Symboles pour désigner les choses invisibles ; comme Dieu, l'esprit, la vertu, le vice, le travail, les vents, les saisons, &c. On donna à ces signes, sur-tout aux derniers, le nom d'*Hiéroglyphes.*

Mais ces signes n'étoient qu'une représentation bien séche des objets. Ils n'avoient ni force ni énergie. Ils ne pouvoient exprimer, ou du moins que très foiblement, les desirs, les craintes & les autres passions. Ils ne pouvoient par conséquent gueres toucher, remuer l'imagination, persuader ; en un mot, faire toute l'impression que les hommes en espéroient : ou bien il auroit fallu les multiplier à l'infini, comme chez les

Chinois, où ils sont encore en usage. Etant si multipliés, pour les connoître tous, il auroit fallu une grande étude, dont peu de personnes sont capables. Ainsi la plus grande partie des hommes se seroient trouvés privés des avantages qu'ils en auroient pu attendre.

On a donc cherché des moyens plus commodes. Quelqu'un ayant remarqué qu'il n'y avoit dans le Langage qu'un très petit nombre de Sons qui, combinés à l'infini, produisoient toutes sortes de mots, pensa qu'il seroit plus utile & plus court de dépeindre ces Sons. Mais comment mettre sous les ieux des Sons invisibles, qui ne peuvent fraper que les oreilles ? Il imagina un petit nombre de caracteres, qu'on nomme *Lettres*, à chacun desquels il attacha l'idée de tel ou tel Son. Joignant ces caracteres les uns aux autres, il représenta les Syllabes, les Mots, & tout le Discours.

C'est de-là que nous vient cet Art ingénieux,
De peindre la Parole & de parler aux ieux;
Qui, par les traits divers de figures tracées,
Donne de la couleur & du corps aux pensées.

Toutes les Nations policées, à l'exception des Chinois, ayant reconnu les avantages de cette maniere de repréfenter les Sons, l'ont adoptée. Mais comme les Sons n'ont point de forme, & par conféquent, qu'on n'a pu attacher les idées de ces Sons qu'à des fignes arbitraires, chaque Nation s'eft formée à fon goût des Caracteres ou Lettres, pour défigner les Sons de fa Langue. De-là vient la différence qui fe trouve dans la forme des Lettres Samaritaines, Hébraïques, Syriaques, Arabes, Ethiopiennes, Grecques, Latines, Allemandes ou Gothiques, &c. La plupart des Nations Européennes, comme les Italiens, les Efpagnols, les Portugais, les Anglois, les Flamands, les François, &c, fe fervent des Lettres Latines, quoique leurs Langues foient bien différentes de la Langue Latine.

Ainfi les Lettres font des fignes auxquels les hommes font convenus d'attacher l'idée des Sons.

C'eft-à-dire, que les François, par exemple, font convenus entre eux, que quand les ieux appercevroient ces quatre lettres *Abel*, arrangées de cette maniere, ils fe rappelleroient à l'efprit, & produiroient de bouche les fons du mot *Abel*.

Ce n'eft pas que les figures *a*, *b*, &c,

soient, par leur nature, plus propres que d'autres à repréſenter les Sons, *a*, *b*, &c ; puiſque, comme nous l'avons déja remarqué, d'autres Nations expriment les mêmes Sons par d'autres figures : elles n'ont cet effet chez les François, que parcequ'ils ſont convenus d'attacher l'idée des Sons *a*, *b*, à ces figures ou lettres *a*, *b*.

Auſſi ne s'en eſt-on pas tenu à une ſeule forme, pour exprimer chaque Son. Ces trois Lettres, *c*, *k*, *q*, ſervent à exprimer une ſeule Conſonne. Souvent différentes combinaiſons de pluſieurs Lettres jointes enſemble, ne repréſentent qu'une ſeule Voyelle : ainſi, *aî*, *ais*, *oî*, *ois*, *oient*, n'expriment que le ſon *é*. Enfin, chaque Lettre a quatre formes différentes ; exemple : A. a. *A. a.*

En conſidérant les Lettres du côté de leurs formes, on en diſtingue d'abord deux ſortes, dont nous nous ſervons ſuivant les différentes circonſtances ; ſçavoir les Lettres *Romaines* & les Lettres *Italiques* ou *Batardes*.

Les Lettres Romaines ſont droites, & poſées perpendiculairement. Telles ſont, A, a ; B, b ; D, d ; I, i ; M, m,

F iv

&c. Ce sont celles qui sont d'un usage ordinaire dans les Livres.

Les Lettres *Italiques* ou *Bâtardes* sont posées obliquement, & penchent par en haut vers la droite. Telles sont, *A*, *a*; *B*, *b*; *D*, *d*; *I*, *i*; *M*, *m*, &c. Elles servent quand on veut distinguer un mot ou une phrase, dans un discours, afin que le Lecteur y fasse une attention particuliere.

On distingue encore deux sortes de Lettres, soit Romaines, soit Italiques, sçavoir les grandes Lettres, qu'on appelle *Majeures* ou *Capitales*; & les petites Lettres, qui se nomment *Mineures*.

Les Lettres Majeures, telles que A, *A*; B, *B*; C, *C*; &c, s'emploient dans les Titres des Livres. La premiere Lettre du mot qui commence une Phrase, ou un Vers, doit toujours être une Majeure.

On met aussi des Lettres Capitales au commencement des noms de Dieu, & des trois Personnes de la Sainte Trinité; des noms propres d'Anges; d'Hommes; de Royaumes, Provinces, Villes & autres Lieux; de Fleuves, Rivieres, Torrens, &c; de Dignités & Qualités, de Tribunaux & Jurisdictions, de Sciences ; d'Arts, de Professions, de Fêtes, de Sectes, de Sociétés ou Congrégations, de Mois, & de tout ce qui est le principal objet du Discours.

Enfin on s'en sert encore, mais très rarement, pour certains Mots, ou certaines Phrases qui exigent du Lecteur une attention toute singuliere.

Les Lettres *Mineures* sont celles qu'on emploie dans le Discours courant & ordinaire. Telles sont les Lettres, a, *a*; b, *b*; d, *d*, &c.

CHAPITRE II.
Des Noms des Lettres.

ARTICLE PREMIER.
De l'Alphabet & de l'Ordre Alphabétique. Ses Usages. Nombre & noms des Lettres. Remarques sur les Consonnes j & v.

Le Catalogue de nos Lettres s'appelle ALPHABET, ou ABÉCÉ. Ce mot *Alphabet* vient des noms *Alpha*, *Beta*, que les Grecs donnoient aux deux premieres Lettres de leur Catalogue. Le nom *Abécé*, est formé de la réunion des noms que nous donnons aux trois premieres Lettres du nôtre.

Notre *Alphabet* ne contient que vingt-trois Lettres, que voici :

A, b, c, d, e, f, g, h, i, k, l, m, n, o, p, q, r, s, t, u, x, y, z.

Outre ces vingt-trois Lettres, nous avons les deux Consonnes j & v, dont nous parlerons ci-après, qui avec les vingt-trois autres, font vingt-cinq Lettres en tout.

L'ordre dans lequel ces Lettres sont rangées dans l'Alphabet, se nomme

Ordre Alphabétique. C'eſt ſelon cet ordre qu'on range les mots dans les Dictionnaires, les Tables de Matieres, &c. On met d'abord ceux qui commencent par *A* ; enſuite ceux qui commencent par *B*, &c : & les derniers ſont ceux qui commencent par *Z*. Ce même ordre s'obſerve encore à l'égard des mots qui ſont renfermés ſous une même Lettre initiale, en faiſant attention aux ſecondes, aux troiſiemes & autres Lettres de ces mots. Ainſi, parmi les mots rangés ſous la Lettre *A*, ceux qui commencent par *Ab*, ſont placés devant ceux qui commencent par *Ac*, & ainſi de ſuite. De même, ceux qui commencent par *Aba*, ſont devant ceux qui commencent par *Abb*, &c.

Quoique les Lettres aient d'abord été inventées pour être les ſignes des Sons, l'Ordre Alphabétique donne moyen de les faire ſervir à beaucoup d'autres uſages, dont il ſeroit difficile de faire l'énumération. Le plus ordinaire, eſt de les employer pour déſigner l'ordre des choſes. Un Artiſte, par exemple, marque d'un *A* la premiere piéce d'un Ouvrage ; d'un *B* la ſeconde ; d'un *C* la troiſiéme, & ainſi de ſuite. Et il donne à chaque piéce le nom de la Lettre dont il l'a marquée ; ainſi il les nomme la piéce *A*, la piéce *B*, la piéce *C*, &c.

Pour faire ſervir les Lettres à tant d'uſages, il a fallu leur donner des noms. Les Nations ne s'étant point accordées ſur les formes ou figures des Lettres, n'ont pas été plus d'accord ſur les Noms qu'elles leur ont donnés. De-là vient tant de différence dans les Noms que chaque Peuple a donné à ſes Lettres. Les Hébreux appellent les leurs *Aleph*, *Beth*, *Ghimel*, &c. Les Grecs ſe ſervent de ces Noms, *Alpha*, *Beta*, *Gamma*, &c. Voici ceux que nous donnons à nos Lettres.

A. Bé. Cé. Dé. É. Effe. Gé. Hache. I. Ka. Elle. Emme. Enne. O. Pé. Quu. Erre. Effe. Té. U. Ixe. Y grec. Zede.

Les deux Conſonnes *j* & *v*, n'ont point encore de place dans notre Alphabet : elles n'ont point non plus de noms fixes. Cependant, dans les Livres pour l'uſage de ceux qui apprennent à lire, on place le *j* après l'*i*, & le *v* après l'*u*. Quelques Maîtres les appellent *ji* & *vé*, d'autres *je* & *ve*. Le plus grand nombre les appelle encore *i* & *u conſonnes*. Voila deux Lettres bien mal partagées. La cause de leur infortune vient de ce qu'autrefois les caracteres *i* & *j*, *u* & *v*, s'employoient indistinctement pour représenter les Voyelles *i* & *u*, & les Consonnes *j* & *v*. On écrivoit *iambe*, pour *jambe* ; *liure*, pour *livre* ; *Vrie*, pour *Urie* ; *vtile*, pour *utile*.

Il y a près de deux cens ans, que quelques personnes judicieuses ont commencé à n'employer les Lettres *j* & *v*, que pour désigner des Consonnes, & à restreindre l'*i* & l'*u* à la fonction de Voyelles. Mais il n'y a gueres plus de quatre-vingt-dix ans que cette pratique est devenue universelle.

Auparavant, le *j* ne s'employoit que dans les mots où se trouvent deux *ii* de suite, & il y étoit toujours le dernier. Ces mots latins, *iis*, *aliis*, *ingenii*, s'écrivoient ainsi, *ijs*, *alijs*, *ingenij* ; c'est ce qui a donné lieu de mettre un *y* grec pour deux *ii* dans ces mots, *pays*, *moyen*, qu'on écrivoit *paijs*, *moijen*, parceque cet *i* court, qui est à la gauche, & cet *j* long, qui est à la droite, ont formé par la négligence de marquer les deux points, une figure fort semblable à l'*y* grec écrit à la main.

La Lettre *v* se mettoit toujours au

commencement des mots. Ainsi on écrivoit *vsage*, *vtile*, aussi-bien que *vérité*. L'*u* ne s'employoit qu'au milieu des mots. Ainsi on mettoit un *u* dans ces mots, *leuer*, *liure*, pour *lever*, *livre*, comme dans ceux-ci, *louer*, *reliure*.

Comme ces manieres d'écrire, *iure*, *ieux*, *verue*, & quelques autres semblables, pouvoient également représenter les mots, *jure*, *jeux*, *verve*, & ceux-ci, *ivre*, *ieux*, une *verue*; pour distinguer ces mots, & empêcher qu'on ne s'y méprît, on s'étoit avisé d'écrire ainsi les derniers, *yure* pour *ivre*, *yeux*, *veruë*. C'est de-là qu'est venu le mauvais usage d'écrire par un *y grec* ces mots, *yvre*, *yvoire*, les *yeux* ; & il est étonnant de voir quelques personnes s'obstiner à le conserver. Pour les deux points qu'on mettoit sur l'*e* dans ces mots, *veruë*, *moruë*, *nouër*, *louër*, &c, il n'y a pas long-temps qu'on les y mettoit encore : mais enfin on est venu à bout de les supprimer.

Lorsqu'on eut reconnu la nécessité de n'employer *j* & *v* que comme Consonnes, & de ne se servir de l'*i* & de l'*u*, que comme Voyelles, on se trouva dans l'embarras pour les Lettres

Majeures ou Capitales ; car le *j* consonne & l'*u* voyelle n'en avoient point.
Les Hollandois furent les premiers qui
employerent ces Lettres Capitales, *J* &
U, que nos Imprimeurs nomment en
conséquence *J* & *U d'Hollande*.

C'est donc avec beaucoup de raison,
qu'on s'est enfin déterminé à distinguer,
par des caracteres propres, les deux
Consonnes *j* & *v*, des deux Voyelles
i & *u*. Mais il seroit encore à souhaiter
1°. qu'on donnât à ces deux Consonnes des noms fixes, & des places certaines dans notre Alphabet. 2°. Que
dans les Dictionnaires, les Tables de
Matieres, & tous les autres Ouvrages
où l'on suit l'Ordre Alphabétique, on
eût soin de ranger en quatre classes séparées, les mots qui commencent par
I, *J* ; *U* & *V* : au lieu qu'on continue
à ne faire qu'une classe des mots qui
commencent par *I* & *J* ; & une autre
classe de ceux qui commencent par *U*
& *V* : ce qui forme, par ce mélange de
mots qui commencent tantôt par une
Voyelle & tantôt par une Consonne,
une bigarure dont il est étonnant que
les Sçavans & tant de Gens de bon goût
n'aient pas senti le ridicule.

ARTICLE II.

§. I. *Différence des Noms des Lettres, & des Sons qu'elles repréſentent.*

Il faut obſerver que ces Noms, *bé, cé, dé, effe*, &c, ne ſont donnés aux Lettres que pour rappeller à l'eſprit leurs formes & leurs figures. Ainſi quand on me parle d'un *bé*, mon imagination ſe repréſente une figure faite de cette façon, *B* ou *b*. Mais ces Noms doivent être bien diſtingués des Sons que ces Lettres repréſentent. Car,

1°. Dans les différentes Langues, on donne différens Noms à des Lettres qui ſont deſtinées à repréſenter les mêmes Sons. Les Lettres que les Hébreux appellent *Beth, Daleth, Lamed*, & celles que les Grecs nomment *Beta, Delta, Lambda*, ne repréſentent pas d'autres Sons que celles que nous nommons *bé, dé, elle*. Cependant, quelle différence entre ces Noms ! Les Noms des Lettres ne ſont donc pas les Sons que ces Lettres repréſentent.

2°. Sans aller chercher ſi loin, n'avons-nous pas dans notre Alphabet ces
trois

trois Lettres, *c*, *k*, *q*, que nous nommons de trois noms bien différens, *cé*, *ka*, *cu*, & qui cependant repréſentent toutes trois le Son *que*, comme on peut le voir dans ces trois Syllabes, *oc*, *ok*, *oq*, qui ſe prononcent toutes trois *oque*; au lieu que ſi les Noms des Lettres étoient la même choſe que leurs Sons, il faudroit prononcer *océ*, *oka*, *ocu*; ce qui ſeroit du plus parfait ridicule.

3°. Souvent même il n'y a aucun rapport entre les Noms des Lettres & les Sons qu'elles repréſentent. Quelle reſſemblance trouvera-t-on entre ces noms *cé*, *gé*, *pé*, *hache*, & les Sons que ces Lettres, *c*, *g* & *ph* ont à la fin de ces mots, *ſac*, *Agag*, *Aſaph*, que l'on prononce *ſaque*, *Agague*, *Aſafe*? Quel rapport y a-t-il entre ces Noms, *cé*, *hache*, *a*, *enne*, *té*, & le Son *chant*? entre ces autres Noms, *a*, *i*, *emme*, *o*, *i*, *é*, *enne*, *té*; & ces deux Sons *è-mê*, qu'on entend dans le mot *aimoient*?

§. II. *Qu'il ne faut point faire épeller.*

Puiſqu'il y a tant de différence entre les Noms des Lettres & les Sons qu'elles repréſentent, il faut conclure, que lorſqu'on enſeigne à lire, comme tout

G

ce qu'on a à faire eſt de fixer l'imagination des Diſciples, afin de les bien accoutumer à unir l'idée des Sons à la vue des Lettres, il faut laiſſer-là les Noms des Lettres, & ſe contenter de faire prononcer les Sons en montrant les Lettres, ou les combinaiſons de Lettres deſtinées à les repréſenter. Ainſi, en montrant aux Diſciples ces différentes combinaiſons, *ba, beau, ban, boient*, il faut les accoutumer à prononcer tout d'un coup *ba, bô, ban, bé*, ſans leur faire nommer les Lettres, ou comme on dit ordinairement, ſans les faire *épeller*. Agir autrement, c'eſt commencer par les perdre & les égarer, avant que de les conduire au but ; c'eſt les jetter dans des incertitudes & des embarras, dont on a enſuite bien de la peine à les faire ſortir : c'eſt enfin les induire en erreur, puiſqu'on leur fait prendre les Noms des Lettres pour les Sons de ces Lettres, & qu'on leur préſente pluſieurs Sons dans des Syllabes qui n'en ont qu'un.

Depuis quelque temps, beaucoup de Maîtres ont renoncé à faire dire aux Commençans, par exemple, *cé, hache, a, cha ; pé, é, a, u, peau ; chapeau,* ayant senti le ridicule de cette maniere de faire épeller. Ils s'y prennent d'une autre façon, faisant dire, *che, a, cha; pe, eau, peau; chapeau*, ou autrement, *che, a, pe, au; chapeau*. J'avoue que cette nouvelle Méthode d'épeller a moins d'inconvéniens que l'ancienne, qu'elle est plus facile, & qu'elle donne moins de peine aux enfans. Mais elle n'est pas sans défauts. 1°. C'est toujours une peine aux Commençans de retenir que *che a* fait *cha* : & puisqu'il faudra toujours qu'ils apprennent à prononcer *cha-peau*, pourquoi user de circonlocutions & de détours, & ne leur pas faire dire tout d'un coup *chapeau*. 2°. Il n'est pas vrai que *che a* fasse *cha*, sur-tout étant nécessaire d'appuyer sur cet *e muet* qu'on supplée. *Che*, étant un Monosyllabe, & la voix ne pouvant être soutenue, on ne peut le prononcer autrement que *cheu*; or *cheu a* fera toujours *cheu a*, & jamais *cha*.

On dira que cet *e* dans *be, ce, de*, &c, est plus aisé à être élidé ou mangé par la Voyelle suivante, que l'*é fermé* qu'on prononce en disant *bé, cé, dé*. Cela seroit vrai, si c'étoit un *e muet* qui ne se prononçât pas : mais dans ces Monosyllabes be, ce, de, &c, l'e n'eſt pas un *e muet* proprement dit ; c'eſt un *e obſcur*, ou plutôt la Voyelle *eu*, puiſqu'on eſt obligé de la prononcer fortement, & de lui donner le ſon *eu*. Or on ne peut pas faire plus aiſément *ba*, de *beu a*, que de *bé a*. Mais quand cela ſeroit, il faut toujours convenir qu'on chargeroit les Commençans d'une opération au moins inutile, puiſqu'on pourroit leur apprendre à dire tout d'un coup *ba* : & que ce feroit les induire en erreur, puiſqu'on leur feroit entendre, par cette Méthode, qu'il y a deux Sons dans *ba*, quoi qu'il n'y en ait qu'un ſeul.

C'eſt pourquoi, ſans vouloir abſolument condamner la nouvelle maniere de faire épeller, nous penſons qu'il eſt bien plus court d'apprendre aux Commençans à prononcer, à la premiere vûe, les Syllabes ſimples. Pour les Syllabes compoſées, elles ne leur feront pas la moindre difficulté. Nous l'avons fait voir aſſez clairement au *Chapitre II des Conſonnes*, *Article I*, *N°. VIII*. Voyez encore au *Chapitre* ſuivant, après la *Table des Conſonnes*, *N°. I*, quelques inconvéniens qui réſultent de l'habitude d'épeller.

§. III. *Qu'il ne faut point abolir les anciens Noms des Lettres. Mais qu'il ne faut les faire connoître aux Disciples, que quand ils seront avancés dans la Lecture.*

On auroit tort de conclure de tout ce que nous venons de dire dans les §. précédens, qu'il faudroit abolir les Noms qu'on a donnés aux Lettres, & leur en substituer d'autres. Ces Noms sont anciens, & nous viennent de nos peres : c'est une raison de les conserver. De plus, ils sont d'un usage si universel, qu'on n'a point droit de les changer de son autorité privée. Il ne s'agit que de s'en servir à propos. Qu'un Mathématicien se serve de ces Noms dans les opérations d'Algébre, ou dans les démonstrations de Géométrie ; qu'un Artiste les emploie pour distinguer les différentes piéces d'un Ouvrage ; qu'un Maître à écrire vous dise que pour faire une *effe*, une *elle*, un *ixe*, il faut s'y prendre de telle ou telle maniere ; qu'un Grammairien même vous enseigne que *mais*, Préposition, s'écrit par *emme*, *a*, *i*, *effe*, au lieu que *mes* Pronom possessif, s'écrit par *emme*, *é*, *effe*, il n'y a aucun inconvénient. Dans tous ces cas, on est plus occupé de la figure de la Lettre, que du Son dont elle peut être le signe. Il importe donc fort peu qu'on donne tels ou tels noms à telles ou telles figures; & puisque l'usage leur a accordé ces Noms, *a*, *bé*, *cé*, *dé*, *é*, *effe*, &c, ce seroit, je pense, une témérité, que de vouloir les changer sans raison, & de sa propre autorité.

Il en est de même de l'Ordre Alphabétique. On doit le conserver, puisqu'il est, pour ainsi dire, consacré par un usage si général & si ancien. Mais qu'un Maître, voulant faire mieux sentir les différences & les rapports que les Sons ont entre eux, & lier davantage dans l'esprit de ses Disciples les idées de ces Sons avec les Lettres qui les représentent; que ce Maître, dis-je, s'écarte pour cela de l'Ordre Alphabétique, je ne crois pas qu'on puisse trouver à redire à sa conduite, pourvu que, lorsque ses Disciples sçauront lire, il ait soin de leur bien apprendre les Noms ordinaires des Lettres, & cet Ordre, selon lequel on a coutume de les ranger, que l'on nomme *Ordre Alphabétique*, *de la Langue Françoise.*

Ce qui ne fera pas bien difficile, puifqu'il ne s'agit que de leur faire apprendre par cœur les vingt-trois Noms des Lettres comprifes dans notre Alphabet, & de les exercer pendant quelques jours à chercher des Mots dans un Dictionnaire.

CHAPITRE III.

Que les Sons de notre Langue se représentent de plusieurs manieres. Difficultés qui en résultent. Reméde à ces inconvéniens.

Nous avons fait voir, dans la premiere *Partie de ce Traité*, qu'il y a dans notre Langue treize Voyelles, & au moins dix-huit Consonnes. Il seroit bien avantageux que nous eussions au moins trente-un Caracteres ou Lettres, afin que chaque Voyelle & chaque Consonne eût son Caractere propre. On auroit bientôt appris à lire, & sans aucune difficulté. Mais cela n'est pas. Nous n'avons que vingt-cinq Lettres, dont il faut encore rabattre cinq. Car, 1°. il ne faut point compter l'*H*, qui ne représente qu'une aspiration, & qui le plus souvent ne sert à rien. 2°. Il ne faut point non plus compter ces quatre Lettres, *C*, *K*, *X* & *Y*, qui ne servent qu'à représenter des Sons déja représentés par d'autres Lettres. Le *C* s'emploie pour deux Sons, qui sont déja représentés par *qu* ou par *s*. Le *K* a la même valeur que *qu*. L'*X* n'est proprement qu'une abréviation, qu'on emploie ou pour *gz*, ou pour *cs* : quelquefois il ne vaut qu'un *z*, ou qu'une *s*, ou qu'un *q*. Enfin l'*Y* n'a pas d'autre Son que la Lettre *i*.

Ainsi, n'ayant de Caracteres que pour vingt Sons ; pour représenter les onze qui restent, on a pris deux moyens, mais moyens qui ne servent qu'à occasionner beaucoup de difficultés à ceux qui apprennent à lire. 1°. On a fait servir plusieurs Lettres à représenter plusieurs Sons bien différens. 2°. On a joint ou combiné plusieurs Lettres ; & par ces combinaisons, on a représenté d'autres Sons, bien différens de ceux que ces mêmes Lettres représentent, prises séparément.

Les difficultés seroient moins grandes & moins multipliées, si l'on n'avoit employé que le second moyen, & seulement pour les Sons qui manquent de Caracteres propres. Mais c'est ce qu'on n'a pas fait. On se sert souvent d'une même Lettre, ou d'une même combinaison de Lettres, pour représenter plusieurs Sons ; & on représente par plusieurs Lettres ou plusieurs combinaisons de Lettres, des Sons qui pourroient n'être représentés que par une seule Lettre ou une seule combinaison de Lettres : de sorte qu'il y a des Sons qui ont cinq, six & même dix manieres de se représenter. Ce qui occasionne bien des incertitudes & des embarras à ceux qui apprennent à lire.

Pour remédier à ces inconvéniens, quelques personnes ont proposé des Plans de nouvelle Orthographe, si différens les uns des autres, & dont quelques-uns étoient si bizares & si ridicules, qu'il n'est pas étonnant qu'ils n'aient pas fait fortune. Mais quelque raisonné que pût être celui qu'on voudroit présenter, il faut convenir que le reméde seroit pire que le mal. Car il faudroit, ou réformer tous les Livres, chose impraticable, ou se résoudre à priver les simples de la Lecture de tant de bons Livres en tout genre faits pour eux, & qui ne pourroient plus être lus que par les Sçavans : ou bien il faudroit nécessairement qu'on apprît à lire deux fois, 1°. selon la nouvelle Orthographe,

2°. selon l'ancienne ; ce qui ne feroit que multiplier les difficultés. Outre cela, il faudroit autant de fois changer l'Orthographe, qu'il surviendroit de changemens dans la prononciation ; changemens auxquels les Langues vivantes sont très sujetes.

Il vaut donc mieux laisser notre Orthographe telle qu'elle est ; ou si, pour de bonnes raisons, on y fait quelque changement, qu'il soit, comme sont ceux qu'on y a déja faits depuis environ cinquante ans, tel qu'il ne puisse la rendre méconnoissable ; & il n'y a qu'à chercher quelqu'autre moyen plus facile pour les personnes qui veulent apprendre à lire.

Le plus simple & le plus facile est, ce semble, d'exposer chaque Voyelle ou chaque Consonne l'une après l'autre, avec toutes les différentes manieres de la représenter. Ces différentes manieres sont en petit nombre pour chaque Son. Etant vues d'abord d'un seul coup d'œil, & ensuite examinées séparément, elles se peindront plus aisément dans l'imagination, & se graveront plus profondément dans la mémoire ; de sorte que lorsqu'on les trouvera dans les Livres, on se rappellera facilement les Son qu'elles représentent.

C'est ce que nous allons tâcher d'exécuter dans les Tables suivantes, où nous marquerons d'une étoile * les manieres rares & extraordinaires de représenter certaines Voyelles ou certaines Consonnes.

TABLE

des différentes manieres de re-préſenter les Voyelles.

Iere. *Voyelle*. A.

1. a... *place*. 2. em.*. *femme*.

â *grave*.

1. â... *pâte*. 2. as.... *compas*.

IIe. é *fermé*.

1. é... *vérité*. 2. ez... *liſez*.
3. ai... *j'aurai*. 4. er.... *donner*.
5. œ.. *œconome*. 6. &.... *pain & vin*.

IIIe. e *ouvert*.

1. e... *un autel*. 2. et.... *bonnet*.
3. ai.. *ſemaine*. 4. oi.... *foible*.
5. ei... *peine*.

è *ouvert grave*.

1. è... *thèſe*. 2. es, ès. *des accès*.
3. ê... *fête*. 4. eſt... *il eſt*.
5. aî... *maître*. 6. ais... *jamais*.
7. oî.. *connoître*. 8. ois... *j'aurois*.
9. aix. *la paix*. 10. oient. *feſoient*.

IVe. e *muet*.

1. e... *je donne*. 2. es... *tu donnes*.
3. ent. *ils donnent*.

Vᵉ. *Voyelle.* eu.

1. eu ... *du f*eu.   2. œu .. *un v*œu.
3. e .... *je te le d*is.   4. ue * . *écu*eil.
5. œ* . .. œ*illet.*

eû *grave.*

1. eû.... *le j*eûne.   3. œux. *des v*œux.
2. eux .. *je v*eux.

VIᵉ. i.

1. i. .... *i*ci.   2. ui. * . *du v*uide.
3. y .... *il* y *a.*

y *pour deux* ii.

1. y. ... *fu*yons.

VIIᵉ. o.

1. o .... *o*dorat.   3. eau... *chap*eau.
2. au.... *du gru*au.

ô *grave.*

1. ô. ... *une c*ôte.   2. os. ... *le d*os.
3. aux .. *trav*aux.   4. eaux. *bat*eaux.
5. aô * .. *la S*aône.

VIIIᵉ. ou.

1. ou. .. *couc*ou.   2. ol * .. *un f*ol.
3. Aou*. A*oû*t.

IXᵉ. u.

1. u. ... *u*fure.   2. eu... *j'ai* eu.

de la Langue Françoise.

Xᵉ. *Voyelle.* an.

1. an... an*cêtres*.   2. am.. *c*ham*bre*.
3. en... en*tier*.   4. em.. em*ploi*.
5. aen *. *C*aen, ville. 6. aon*. *un* Paon.

XIᵉ. in.

1. in.... *la f*in.   2. im... im*biber*.
3. ain... *du p*ain.   4. aim.. *j'ai f*aim.
5. ein... *de*ss*ein*.   6. eim*. *Rh*eims.
7. en... *du b*ien.

XIIᵉ. on.

1. on... *b*ondon.   2. om.. *il tombe*.
3. un *.. *Mun*ster.   4. um *. *Humb*ert.
5. aon*. *un t*aon, espece de mouche.

XIIIᵉ. un.

1. un... *c*hacun.   2. um. *parf*um.
3. eun... *à j*eun.

DIPHTHONGUES.

Les Diphthongues n'étant que deux Voyelles prononcées d'une seule émission de voix, se représentent des mêmes manieres que les Voyelles qui les composent. Il n'y a d'exception que pour les trois suivantes.

DIFFÉRENTES MANIERES de représenter les Diphthongues *oua, ouet* & *ouin.*

Diphthongue oua.

1. oua.. ou*ate*.   2. oa ... *bézoard.*
3. oi. .. *trois m*ois.

Diphthongue ouet.

1. ouet. *un r*ouet. 2. oè... *boète.*
3. oi... *un R*oi.

Diphthongue ouin.

1. ouin. *marsouin.* 2. oin... *besoin.*

TABLE

TABLE

des différentes manieres de repréfenter les Confonnes.

Cinq Labiales.
Iere Confonne. M.
1. M. m. . Maxime.   2. mm. hommage.
IIe. B.
1. B. b. . . Bombe.   2. bb. . Abbattre.
IIIe. P.
1. P. p. . . Pompe.   2. pp. . appaifer.
IVe. V.
1. V. v. . . Vin. verd.
V^e. F.
1. F. f. . . . Fin. fer.   2. ff. . . affable.
3. Ph. . . . Philofophe.

Quatre Sifflantes.
VIe. J.
1. J. j. . . . Je jette.   2 { G. g. devant e & i. Gêne. gibier.
VIIe. CH.
1. Ch. ch. Chercher.   2. fch*. fchifme.
VIIIe. Z.
1. Z. z. . . Zizanie.   2 { f. entre deux Voyelles. ufage. maifon.
3. X. *. . dixaine.

H

IXᵉ. Consonne. S.

1. S. s. . Samson.   2. ss. . . assurer.

3 { C. c. devant e & i.   4 { t. devant ia. ion. &c
    Cécile.   partial. action

5. ç. . . . maçon.   6. x *. . soixante.

Cinq Linguales.

Xᵉ. D.

1. D. d. Dédier.   2. dd. . . addonner.

XIᵉ. T.

1. T. t. . Tatonner.   2. tt. . . attaquer.

XIIᵉ. L.

1. L. l. . L'asyle.   2. ll. . . . allumer.

XIIIᵉ. N.

1. N. n. Nones.   2. nn. . . honneur.

XIVᵉ. R.

1. R. r. . Retirer.   2. rr. . . arriver.

Deux Gutturales.

XVᵉ. G.

1. G. g. . Gargariser.   2. Gu. . Guet.
3. gn *. Berghen.

XVIᵉ. Qu.

1. Qu. . Quoique.   2. C. c. . Calculer.
3. K *. . Kyrie.   4. Ch *. écho.

Deux mouillées.

XVIIᵉ. gn.   XVIIIᵉ. ill.
gn . . . gagner.   il. ill. bail. bailler.

La Lettre X vaut deux Consonnes, & se prononce de deux manieres :

1. X *prononcé* gz. 2. X *prononcé* cs.
   Examen.   Alexandre.

La Lettre H n'a aucun son. Elle marque quelquefois une Aspiration : le plus souvent elle ne sert à rien.

1. H. h. *aspirée*. 2. H. h. *inutile*.
   Hola. *la* honte. Homme. humble.

Au moyen de ces Tables, il sera facile de connoître toutes les différentes manieres dont un Son peut être représenté. Il ne restera plus qu'une difficulté pour les Commençans, qui vient de ce que plusieurs Sons fort différens sont représentés par les mêmes Lettres, ou par les mêmes combinaisons de Lettres ; ce qui peut les mettre dans l'incertitude, comment il faut prononcer ces Caracteres. Mais cette difficulté, qui paroît d'abord si grande, se réduit presque à rien, comme nous allons le faire voir.

1°. Ceux qui apprennent à lire, à moins que ce ne soient des Etrangers qui n'aient aucune connoissance de notre Langue, sçavent parler avant que d'apprendre à lire. Par conséquent, ils font dans l'usage de prononcer les mots, au moins ceux qui font d'un usage commun & familier. Quand ils trouvent ces mots dans les Livres, ils les reconnoissent tout d'un coup, & l'habitude où ils sont de les prononcer, leur fait distinguer le Son qu'ils doivent donner à chaque Syllabe. Ainsi, quoique *ti* se prononce quelquefois *ci* ; & quoique *ient* se prononce tantôt *iant*, tantôt *iaint*, & tantôt *ie*, en traînant la voix, un Commençant à qui on a appris à prononcer tout d'un coup les Syllabes, & qui connoît bien toutes les différentes manieres dont un Son peut être représenté, ne se trompera jamais lorsqu'il verra ces mots, *il est patient*, *il contient*, *ils chatient*, & les prononcera sans hésiter, *il est p*aciant ; *il c*ontiaint ; *ils châ*tie, parceque l'habitude où il est de prononcer ces mots, lui fait tout d'un coup discerner les Sons qu'il faut donner à ces Syllabes *ti* & *ent*.

Ces exemples doivent faire sentir, combien il est avantageux de faire prononcer tout de suite les Syllabes sans faire épeller. Car celui qui ne peut lire qu'en épellant, de quelque maniere qu'il épelle, n'a d'idée de son mot qu'après l'avoir épellé ; & par conséquent, quand il trouve dans un mot une Lettre ou une combinaison de Lettres qui représente plusieurs Sons, il ne peut sçavoir quel est le son qu'il lui doit donner. Si donc on lui montre ces trois mots, *patient*, *contient*, *châtient* ; dans les deux premiers mots il ne sçaura comment prononcer la Syllabe *ti* : si épellant le premier mot *patient*, il dit *te i*, *ti*, il se trompera, car il faudroit dire *ce*, *i*, *ci* ; *pacient*. S'étant trompé dans le premier, il se trompera encore dans le second, *contient* ; car il voudra dire *ce*, *i*, *ci* ; & il faut prononcer *ti* ; *contient*.

Il se trouvera encore dans l'embaras pour la troisieme Syllabe de chacun de ces trois mots. Si dans le premier, il l'a prononcée *ant*; *pati*ant, il voudra la prononcer de même dans le second, & il se trompera. Car il la faut prononcer *aint*, *conti*aint. Le voila dans l'incertitude pour le troisieme mot, *châtient*. Prononcera-t-il *ant* ou *aint* ? De quelque maniere qu'il le prononce, il dira mal ; car il ne faut rien prononcer du tout, & seulement traîner la voix après l'*i* ; *châti*e , parceque *ent* n'eft ici qu'un *e muet.*

On pourroit fournir bien d'autres exemples de l'incertitude que l'habitude d'épeller occafionne. Au lieu que quand les Commençans ont appris à prononcer les Syllabes fans épeller, la vue feule des Syllabes réunies leur donne l'idée du mot, & cette idée du mot leur fait difcerner le Son qu'ils doivent donner à chaque Syllabe.

2°. Souvent la place où font les Lettres & les combinaifons de Lettres, ou la nature des mots où elles font employées, déterminent le Son qu'il leur faut donner. Ainfi une *s* entre deux Voyelles fe prononce ordinairement comme *z* ; le *g* &, le *c*, qui fe prononcent ordinairement *gu* & *qu*, prennent les Sons *j* & *s*, quand ils font fuivis d'un *e* ou d'un *i*. Si, comme il feroit bien à fouhaiter, on donnoit aux Commençans une légere idée de la Grammaire Françoife, ils fçauroient bientôt que *ai*, *ois*, *er*, &c, fe prononcent *é*, *ès*, *é*, dans certaines parties des Verbes, comme *j'aurai*, *j'allois*, *donner*.

3°. Souvent l'oreille feule, au défaut

des regles, fait fentir quel eft le Son qu'il faut donner aux Caracteres. Ainfi il fuffit d'avoir de l'oreille, pour prononcer *ai* avec le Son de l'*é fermé*, dans ce mot *abaiffé*, & pour lui donner le Son de l'*e ouvert* dans cet autre mot *j'abaiffe*.

Il ne reftera donc plus qu'un très petit nombre de mots rares & extraordinaires, dont l'ufage feul pourra apprendre la véritable prononciation.

Mais afin de faciliter la connoiffance des Sons que repréfentent les Lettres ou les combinaifons de Lettres, & aider à les reconnoître dans les différentes occafions, nous allons confidérer féparément toutes ces différentes manieres de repréfenter les Sons, & expofer les différentes valeurs & les différens ufages de chacune. Pour cela, nous allons les ranger felon l'Ordre Alphabétique, en commençant par les Voyelles, & finiffant par les Confonnes.

CHAPITRE IV.

Exposition des différens Sons des Lettres, ou des combinaisons de Lettres, considérées chacune en particulier.

ARTICLE PREMIER.

Valeurs, & différens Sons des Caractères qui représentent les Voyelles.

A.

A. a. *a*. Ces Lettres n'ont point d'autres Sons que ceux qu'on entend dans ces mots, *place, grace, pâte*.

Aen se prononce *an* dans le nom de la Ville de Caen.

Ai se prononce 1°. comme l'*é fermé*, à la fin des Prétérits simples & des Futurs des Verbes ; exemples : *je donn*ai, *je donner*ai.

11°. Comme l'*e ouvert*, dans presque tous les autres mots ; exemples : *bal*ai, *dél*ai, *aff*aire.

111°. Comme *a*, dans le mot *douairiere*, qu'on prononce *douariere*.

IV°. Comme *aie*, en mouillant l'*i*, dans *ai*, cri de douleur.

V°. Comme l'*e muet* ou *obscur*, dans ces parties du Verbe *faire*, *nous faisons*, *je faisois*, &c, que beaucoup de personnes écrivent à préfent, *nous fesons*, *je fesois*, &c.

Aî, *ais*, *aits*, *aix*, fe prononcent comme l'*e très ouvert*; exemples : *Maître*, *jamais*, *des faits*, *un faix*.

Aix fe prononce *éce*, dans le nom de la Ville *d'*Aix.

Aï, ce font deux Voyelles féparées, *a-i*; comme dans *haïr*, *laïc*. Si l'*ï* eft fuivi d'une Voyelle, il eft un *i mouillé*, comme dans *païen*, *aïeul*, *faïance*.

Aim, *ain*, fe prononcent *ein* ou *in*: *aim* n'eft en ufage que dans ces mots, *un daim*, *j'ai faim*, *étaim*, *efpece de laine*: *ain* eft plus ordinaire; *la main*, *le bain*, *un pot d'étain*.

Am, *an*, expriment le Son nazal qui répond à la Voyelle *a*, & qu'on entend dans ces mots, *Ange*, *chambre*.

Am fe prononce *ame*, à la fin de quelques noms étrangers, comme *Abraham*, *Cham*, &c, qu'on prononce *Abrahame*, *Chame*.

Am, fuivi immédiatement d'une

seconde *m* ou de *n* ; & *an*, suivi d'une seconde *n*, se prononcent comme un *a simple*, après lequel on n'entend que la Consonne *m* ou *n*, qui commence la Syllabe suivante ; exemples : en*flam*mer, con*dam*ner, an*nonc*er, se prononcent en*fla-mer*, conda-*ner*, a-*noncer*. Quelquefois on fait entendre les deux *mm* ou les deux *nn* ; comme dans ces mots, in*flammation*, *Ammonites*, *an-notation*.

Ao se prononce comme *o*. Il n'est d'usage que dans ces deux mots, ao*riste*, la Saône, qu'on prononce o*riste*, la Sône.

Aon se prononce 1°. comme *an*, dans ces mots, Laon, Ville, paon, faon de biche

II°. Comme *on*, dans ce seul mot, un *ta*on, espece de mouche.

Aou se prononce *ou*, dans ce mot, le mois d'Août, & dans *saoul*, *saouler*, termes bas qui ne sont presque plus en usage.

Au se prononce comme *o* ; exemples : au*bade*, au*tant*.

Aü. Ce sont deux Voyelles séparées, dont chacune garde le Son qui lui est propre ; exemple : Saül.

Ay se prononce *ai-i* ou *éi* ; exemples : pays, paysan, qu'on prononce

de la Langue Françoise. 123

pai-*is* ou *pé-*is, pai-*isan*. Si l'*y* est suivi d'une Voyelle, le second *i* est un *i mouillé*, comme dans *essa*y*ons*, qu'on prononce *essai-ions*.

E.

E. e. Cette Lettre se prononce de bien des manieres.

I. *E* sans accent est ouvert :

1°. Lorsque dans la même Syllabe il est suivi d'une Consonne qui se prononce, & qui garde le Son qui lui est propre ; exemples : *autel, avec, du fer, Doeg, hymen, ennemi.*

II°. Lorsqu'il est à la pénultieme Syllabe d'un mot, dont la derniere est composée d'une Consonne & d'un *e muet* ; exemples : *pere, mere, fidele, rosete*. Dans quantité de Livres, on voit cet *e* marqué d'un accent aigu ou d'un accent grave : mais ordinairement on n'en met point, & c'est le mieux.

III°. Dans ce mot *legs*, où *gs* ne se prononce point.

II. *E* sans accent, est *muet* ou *obscur* :

1°. Lorsqu'il précede ou qu'il suit une Voyelle, il ne se prononce point ; mais il fait traîner la voix sur la Voyelle qui

le précede ; exemples : *Jean* , *joue &*
jouera, se prononcent *Jan*, *joû* & *joûra*.

II°. A la fin d'un mot, il n'a qu'un Son extrêmement foible, & ne se fait entendre qu'autant qu'il faut pour faire sonner la Consonne qui le précede ; exemples : *ame* , *ange* , *cabane*.

III°. Il a un Son un peu moins foible , très bref , un peu approchant de celui de la Voyelle *eu*, quand il est à l'avant derniere Syllabe d'un mot ; exemples : *venir* , *devenir*.

IV°. Il a le Son très bref de la Voyelle *eu* , lorsqu'on est obligé d'appuyer fortement dessus. Ce qui arrive lorsqu'il forme une Syllabe isolée , comme dans ces Monosyllabes , *je* , *me* , *te* , *se*, *ce* , *que* , *de* , *le* , *ne* , ou lorsque dans un mot il est suivi de deux ou trois Syllabes : comme dans ces mots , *devenir* , *demander* , *redemander*.

III. *E* sans accent , est fermé dans ces mots , *clef*, *bled*, *pied*. Beaucoup de bons Auteurs écrivent à présent , *clé*, *blé* , avec un accent aigu. Quelques-uns écrivent aussi *pié* ; mais on n'est pas encore assez autorisé pour écrire ainsi ce dernier mot, surtout au plurier , qu'on écrit toujours *les pieds*.

IV. É, avec l'accent aigu, est fermé ; exemple : *vérité*.

V. È, avec l'accent grave, est ouvert ; exemples : *thèse*, *après*.

VI. Ê, avec l'accent circonflexe, est très ouvert ; exemples : *fête*, *honnête*, *même*.

Ei, a le Son de l'*e ouvert* ; exemples : *peine*, *Seigneur*. Il est très ouvert dans ces mots, *Reine*, *seize*, *seizieme*.

Éi, avec un accent aigu sur l'*é*. Ce sont deux Voyelles, dont chacune garde le Son qui lui est propre ; exemple : *obéir*.

Eim, *ein*, ont le Son nazal, qui répond à l'*e ouvert*. *Eim*, ne se trouve que dans ce mot, *Rheims*, *Ville*, & quelques autres mots étrangers. *Ein*, est plus ordinaire ; exemples : *dess*ein, *pein*ture.

Em. 1°. a le Son *an*, dans presque tous les mots ; exemples : em*mener*, *temple*.

11°. Il se prononce *eme*, à la fin des noms étrangers, comme *Jérusalem*, *Bethléem*, qu'on prononce *Jerusale*me, *Bethléé*me.

111°. Il a le Son *a* dans ces mots, *femme*, *solemnel*, & dans tous les Adverbes qui finissent en em*ment*, comme *prud*emment, *évid*emment. On prononce *fame*, *solanel*, *prudament*, *évidament*, &c.

En. 1°. a le Son *an* dans presque tous les mots ; exemples : en*tier*, *étendre*.

11°. Il a le Son *ain* ou *in*, dans ce mot ben*join*, & à la fin de ces mots, *la Ville d'Ag*en, *exam*en, & de tous ceux qui sont terminés en *éen* & *ien*, comme *Nazaré*en, *Jébusé*en, *bi*en, *Chrétien*.

111°. Il se prononce *ene*, dans en*nemi*, *hym*en, *am*en. Quelques-uns y joignent le mot *exam*en : mais l'usage le plus commun est de le prononcer *examain*.

Ent, se prononce 1°. comme *an*, à la fin de tous les Noms & de tous les Adverbes ; exemples : *de l'arg*ent, *le v*ent, *prud*ent, *pati*ent, *sagem*ent.

11°. Comme *ein*, à la fin de ces Verbes, *il ti*ent, *il vi*ent, & de tous leurs composés.

111°. Il n'est qu'un *e muet* aux troisiemes personnes du plurier de tous les Verbes ; exemples : *ils pri*ent, *ils aim*ent, *ils donner*ent.

Er, se prononce 1°. comme l'*é fermé*, à la fin de tous les Infinitifs des Verbes, & même de presque tous les mots ;

exemples : *aimer, donner, le danger, un méti*er.

11°. Il se prononce *ere*, 1°. au commencement ou au milieu de tous les mots ; exemples : *berger, cercle, lanter*ne. 2°. Dans ces Monosyllabes, *fer, mer, cher, fier, clerc, vers, verd*, & à la fin de ces mots, *amer, cancer, hier, hyv*er, *enf*er, *Esth*er, *frat*er, *éth*er, *magist*er, *Jupit*er, & de quelques autres noms étrangers.

Es. 1°. a le Son de l'*e très ouvert*, dans tous les Monosyllabes, *mes, tes, ses, des, les, ces.*

11°. Il est un *e muet*, à la fin de tous les autres mots ; exemples : *vous dit*es, *vous fait*es, *les homm*es *sag*es.

111°. Il se prononce *ésse*, à la fin de quelques noms étrangers, comme *Cérès, Verrès.*

Et. 1°. est un *e ouvert*, à la fin des mots ; exemples : *buff*et, *un j*et.

11°. Il est un *é fermé*, dans la Conjonction &, que l'on représente par *et* dans l'écriture à la main.

111°. Il se prononce *ete*, au commencement ou au milieu des mots, lorsqu'il est suivi d'une Consonne ; exemples ; Et*na*, Bet*léem.*

Eu. 1°. a le Son qu'on entend dans ces mots, *le feu*, *le jeu*.

11°. Il n'eſt qu'un *u* ſimple, dans ces parties du Verbe *avoir ; j'ai* eu, *vous* eu*tes*, &c, & dans ces mots, E*u*rope, E*u*ſtache, qu'on prononce, *j'ai* u, *vous* u*tes*, &c, U*rope*, U*ſtache*.

Éu, avec l'accent aigu ſur l'*é*. Ce ſont deux Voyelles, dont chacune garde le Son qui lui eſt propre ; exemples : *réunir*, *réuſſir*.

Ez, 1°. a ordinairement le Son de l'*é fermé ;* exemples : *le* n*ez*, *aſſ*ez, *donn*ez.

11°. A la fin de quelques noms étrangers ou de Ville, il ſe prononce *éſſe ;* exemples : *Suar*ez, *Vaſqu*ez, *Rhod*ez.

I.

I. i. Cette Lettre a le Son qu'on entend dans ce mot, *ici*.

ï, ſurmonté de deux points, que l'on appelle *tréma* ou *diérèſe*, 1°. n'eſt qu'un *i ſimple*, lorſqu'il n'eſt point ſuivi d'une Voyelle ; exemples : *laïc*, *haï*.

11°. Quand il eſt ſuivi d'une Voyelle, il eſt un *i mouillé ;* comme dans *païen*, *aïeul*, *Camaïeu*, *la Ville de Blaie*, excepté dans *haïe*, féminin du du participe *haï*, où il n'est qu'un *i* simple.

Im & *in*, 1°. lorsqu'ils sont précédés d'une Consonne, se prononcent toujours comme *ain*; exemples: *timbre*, *clinquant*, *destin*.

11°. Au commencement de certains mots, quelques bons parleurs prononcent *im* & *in* d'un certain Son nazal qui répond à la Voyelle *i*. Voyez ce que nous en avons dit ci-dessus, *Iere Partie*, *Chapitre I*, *Article II*, §. *V*.

111°. Lorsque l'*m* est redoublée, *im* se prononce *ime*, en faisant entendre les deux *m*; exemples: im-*mortel*, im*matricule*.

1v°. Lorsque l'*n* est redoublée, *in* se prononce comme un *i* simple; exemple: in*nocent*, qu'on prononce i*nocent*.

v°. *Im*, se prononce *ime*, à la fin de quelques noms étrangers; comme *interim*, *Ibrahim*, *Selim*. *In*, se prononce aussi *ine*, à la fin de quelques noms étrangers; comme *A*in, *Sch*in, *le désert de S*in.

O.

O, *o*. Cette Lettre a les Sons qu'on
I

entend dans ces mots, *hotte*, *oter*, *hôte*.

Oi, *ois*, *oient*, sont ou simples Voyelles ou Diphthongues.

1°. *Oi*, *ois*, *oient*, simples Voyelles, se prononcent comme l'*e* ouvert ; exemples : *foible*, *il connoît* ; ou comme l'*e* très ouvert ; exemples : *j'avois*, *ils étoient*.

11°. *Oi*, *ois*, *oient*, Diphthongues, se prononcent comme *oè*, *ouet* ; exemples : *loi*, *roi*, *moi*, *il boit* ; ou comme *oê* ; exemples : *les Rois*, *ils voient*.

111°. *Ois* se prononce encore comme *oa*, dans ces mots, *du bois*, *des pois*, *un poids*, *des noix*, *trois*, *mois*.

Oï. Ce sont deux Voyelles séparées, dont chacune garde le Son qui lui est propre ; exemple : *Moïse*.

Oin, se prononce *ouin* ; exemples : *loin*, *besoin*.

Ol. 1°. a le Son *ou* dans ces trois mots, *sol de monnoie*, *col* & *mol*, qu'on prononce *sou*, *cou*, *mou*.

11°. Il se prononce *ole*, dans ces mots, *sol de bâtiment*, *le col d'une chemise*, & dans tous les autres mots terminés en *ol*.

Om, *on*, 1°. ont le Son nazal, qui

répond à la Voyelle *o* ; exemples : *t*omber, *t*ondre.

11°. Lorsque l'*m* ou l'*n* est redoublée, ils se prononcent comme un simple *o* ; exemples : hom*m*age, hon*n*eur, qu'on prononce *homage*, *honeur*.

Ou, a le Son qu'on entend dans ce mot, *coucou*.

Oü. Ce sont deux Voyelles séparées, dont chacune garde le Son qui lui est propre. Elles ne se trouvent que dans des noms étrangers ; comme *Thoü*, *Pyrithoüs*.

U.

U, *u*. Cette Lettre a le Son qu'on entend dans ce mot, *usure*.

Ueil a le Son *euil*, dans ces mots, *a*ccueil, *é*cueil, *r*ecueil, *c*ercueil, *o*rgueil. On ne met l'*u* devant l'*e*, au lieu qu'il devroit être après, que pour empêcher qu'on ne prononce *acseuil*, *esseuil*, *orjeuil*, &c, parceque le *c* & le *g*, devant la Lettre *e*, prennent les Sons *se* & *je*.

Ui, 1°. se prononce comme *i*, dans ces mots, *vuide*, *vuider*, & leurs dérivés.

11°. Il eſt Diphthongue dans tous les autres mots ; exemples : *lu*ire , *nu*ire, *cel*ui.

Uï ſe prononce en deux Syllabes ſéparées ; exemples : *bruïne*.

Um & *un*, 1°. ont le Son nazal, qui répond à la Voyelle *eu*, & qu'on entend dans ces mots, *parf*um, *chac*un.

11°. Ils ſe prononcent *on*, dans quelques noms propres ; exemples : *H*um*bert*, *D*unkerque.

111°. *Um* ſe prononce *ome*, dans quelques mots, qui ont paſſé du Latin dans notre Langue ; exemples : *opi*um , *un Te D*eum.

Y.

Y. Cette Lettre, qu'on nomme *i grec*, 1°. ne vaut qu'un ſimple *i*, 1°. dans l'Adverbe *y* : *Il* y *a* ; 2°. au commencement de ces mots, *yvre*, *yvoire*, que la plupart des bons Auteurs écrivent à préſent, *ivre*, *ivoire* : 3°. enfin, dans les mots qui viennent du Grec, & qui ſont écrits dans cette Langue par un *upſilon* ; comme *Syllabe*, *Synode*.

11°. Elle vaut ordinairement deux *ii*, dont le premier appartient à la Voyelle ou à la Diphthongue précédente, & le second eſt un *i* ſimple, ou un *i* mouillé. Voyez ci-deſſus, *I*ᵉʳᵉ *Partie*, *Chapitre II*, *Articles III & IV*.

Ym & *yn*, ont le même Son que *im* & *in*. On ne les emploie que dans les mots qui ſont écrits dans le Grec par un *upſilon*; comme Sym*bole*, S*yntaxe*.

Beaucoup de bons Auteurs négligent à préſent l'*y grec*, & lui ſubſtituent l'*i* ſimple, excepté dans l'Adverbe *y*, & dans les mots où il vaut deux *ii*.

Article II.

Valeurs, & Sons différens des Caracteres qui repréſentent les Conſonnes.

B.

B, b. 1°. cette Lettre a le Son qu'on entend dans ces mots, *bombe*, *Job*, *Caleb*.

11°. Elle eſt muette; c'eſt-à-dire, ne ſe prononce point à la fin de ces mots, *plomb*, & *rumb de vent*.

111°. De deux *bb* de ſuite, on n'en

prononce qu'un ; exemples : *Abbé*, *Sabbat*, se prononcent *Abé*, *Sabat*.

C.

C, *c*. 1°. cette Lettre a le Son *k* ou *qu*, 1°. à la fin des mots, quand elle s'y prononce ; exemples : *lac*, *froc*, *basilic* : 2°. lorsqu'elle précede une autre Consonne ; exemples : *clair*, *crédule* : 3°. enfin devant *a*, *o*, *u* ; exemples, *calice*, *caisson*, *cofre*, *couleur*, *cuve*.

II°. Elle a toujours le Son *s*, devant *e* & *i* ; exemples : *ceci*, *cela*, *cilice*.

III°. Elle a le Son *gue*, dans ces mots, *Claude*, *second*, *cicogne*, *églogue*, & quelques autres. On prononce *Glaude*, *segond*, *cigogne*, *églogue*.

IV°. Cette Lettre redoublée, devant *a*, *o*, *u*, ne se prononce qu'une fois, & a le Son *que* ; exemples : *accabler*, *accomplir*, *accuser*, se prononcent, *aquabler*, *aquomplir*, *aquuser*. Elle se prononce cependant deux fois dans *Bacchus*.

V°. Cette Lettre redoublée devant *c* & *i*, a les deux Sons *que*, *se* ; exemples : *accès*, *accident*, se prononcent *aqsès*, *aqsident*.

vi°. Elle est muette à la fin de ces mots, *cotignac*, *estomac*, *clerc*, *arsenic*, *broc*, *porc*, *croc*, *accroc*, *marc d'argent*, & de tous les mots où elle est précedée d'une Voyelle nazale; comme *banc*, *flanc*, *jonc*, *un tronc*, *il convainc*; & elle ne se prononce pas même devant une Voyelle, si ce n'est dans quelques occasions assez rares, où on la prononce *qu*; exemples : *porc-épi*, *du blanc au noir*, *de clerc à maître*, *franc étourdi*, qu'on prononce *por-quépi*, *du blan-quau noir*, *de cler-quà maître*, *un fran-quétourdi*. Le *c*. se prononce de même, à la fin de la Conjonction *donc*, lorsqu'elle commence une phrase, ou lorsqu'elle est suivie d'une Voyelle.

Ç cédillé, a toujours le Son *s*; exemples : *or-ça*, *maçon*, *il commençoit*, *reçu*.

Ch. Ces deux Lettres ne font qu'une seule Consonne qui, 1°. a le Son & le sifflement qu'on entend dans ces mots, *chiche*, *chercher*.

II°. Se prononce *qu*, dans quelques mots d'une origine étrangere; comme *Zacharie*, *Choriste*, *Chrétien*, *Christ*. Le premier mot vient de l'Hébreu; les trois autres viennent du Grec.

111°. Elle eſt muette à la fin du mot *Almanach*.

D.

D, *d*. 1°. Cette Lettre a le Son qu'on entend dans ces mots, *David*, *devide*.

11°. Elle ne ſe prononce pas à la fin des mots françois, pas même devant une Voyelle. Ainſi, quoiqu'on écrive *froid*, *chaud*, *fond*, on dit, *un froi extrême*, *il fait chau aujourd'hui*, *un fon inépuiſable*.

111°. Si le mot qui finit par un *d*, eſt un Adjectif, & qu'il ſoit ſuivi de ſon Subſtantif, qui commence par une Voyelle ; ou ſi c'eſt un Verbe, ſuivi de l'un de ces Pronoms, *il*, *elle*, *on*, alors le *d* ſe prononce comme *t* ; exemples : *grand homme*, *profond abyme*, *entend-il*, *coud-elle*, *répond-on*, ſe prononcent *gran-t-homme*, *profon-t-abyme*, *enten-t-il*, *cou-t-elle*, *répon-t-on*.

Ce même changement de la prononciation du *d* final, en celle de *t*, arrive encore dans quelques autres occaſions, dont l'oreille eſt le juge.

1v°. Le *d* ſe prononce toujours à la

de la Langue Françoise. 137

fin des mots étrangers ; comme D*avid*, G*alaa*d, L*amed*.

v°. Le *dd* redoublé se prononce deux fois dans, add*ition*, add*itionner*, & red*dition*. Il ne se prononce qu'une fois dans les autres mots. *Addonner*, se prononce *adonner*.

F.

F, f. 1°. Cette Lettre a le Son qu'on entend dans ces mots, *tuf*, *agrafe*, *fanfare*.

11°. Elle est toujours muette dans *clef*, *chef-d'œuvre*, & l'Adjectif *neuf*. On ne la prononce que très rarement dans *bœuf*, & *œuf* ; mais jamais au plurier.

111°. On la prononce dans le nombre *neuf*, lorsqu'il n'est point suivi de Noms ou Pronoms auxquels il ait rapport ; comme quand on dit, *j'en ai neuf*.

Lorsque ce nombre *neuf* est suivi des noms auxquels il a rapport, & que ces noms commencent par une Consonne, on ne prononce point alors l'*f*. Ainsi *neuf louis*, se prononce *neu louis*.

1v°. Mais si ces Noms ou Pronoms commencent par une Voyelle, au lieu de l'*f* on prononce *v*. Ainsi on dit neu-v-amis, j'en ai neu-v-autres, quoiqu'on écrive *neuf amis, j'en ai neuf autres*.

v°. De deux *ff* de suite dans un mot, on n'en prononce jamais qu'une ; exemples : *affaire*, se prononce *afaire*.

G.

G, g. 1°. Cette Lettre a le Son *gue* : 1°. à la fin des mots, quand elle s'y prononce ; exemples : *Agag, Gog, Magog* : 2°. lorsqu'elle précede une autre Consonne ; exemples : *glace, gracieux* : 3°. enfin devant *a, o, u* ; exemples : *gateau, gai, gand, gosier, gond, Auguste*.

11°. Elle a le Son *je* devant *é* & *i* ; exemples : *géne, gent, gigot*.

111°. Elle est toujours muette à la fin des mots françois ; exemples : *doigt, legs, sang, rang*. On la prononce quelquefois dans le mot *joug*.

1v°. Elle se prononce toujours *gu*, à la fin des mots étrangers ; comme *Agag, Doeg*.

v°. A la fin du mot *sang*, on lui donne quelquefois le Son fort de *qu* ; exemples : *sang innocent, suer sang & eau*, se prononcent *san-qu-innocent, suer san-qu & eau*.

VI°. De deux *gg* de suite, dans un mot, on n'en prononce qu'un, excepté dans ces mots, *suggérer*, *suggestion*, où le premier *g* se prononce *gue*, & le second *j* ; comme si on écrivoit *sugjérer*, *sugjestion*.

Gh, se prononce *gu*. Il ne se trouve que dans des noms propres; exemples: *Berghen*, *le Ghilan*.

Gn. I°. Ces deux Lettres ne font ordinairement qu'une seule Consonne, qu'on entend dans ces mots, *regne*, *gagner*.

II°. Elles se prononcent *gue ne*, dans ces mots, *gnome*, *gnomonique*, *gnostique*.

Gu. I°. Ces deux Lettres ne font ordinairement qu'une Consonne, lorsqu'elles sont suivies d'une Voyelle ; comme dans ces mots, *guérir*, *vague*, *guide*, *anguille*, *à ma guise*.

II°. On prononce cependant l'*u* dans ces mots, *éguille*, *aiguë*, *arguer*, *le Duc de Guise*.

H.

H, h. Cette Lettre n'a aucun Son. I°. Elle est inutile dans la plupart des mots ; exemples : *homme*, *humilité*.

11°. Il y a environ cent vingt mots où elle marque une forte Aspiration ; comme dans ceux-ci, *la haine*, *la honte*, *le héros*.

I.

Il & *ill*. 1°. Ces deux ou trois Lettres, lorsquelles sont précedées d'une Voyelle, ne sont qu'une seule Consonne mouillée, assez difficile à prononcer, qu'on entend dans ces mots, *bail*, *vermeil*, *fenouil*, *travailler*, *merveilleux*, *fouiller*, &c, dans lesquels on ne prononce point d'*i*.

11°. Ces trois Lettres *ill*, lorsqu'elles sont immédiatement précedées d'une Consonne, ont presque toujours le Son de la Voyelle *i*, suivi du Son de la Consonne mouillée *ill* ; comme on les entend dans ces mots, *fille*, *millet*, *périlleux*, qui se prononcent comme s'il y avoit, *fiille*, *miillet*, *périilleux*. Mais parceque ces deux *ii* de suite choqueroient la vue, on s'est porté tout naturellement à faire servir l'*i* qui fait partie des Caracteres qui représentent la Consonne mouillée *ill*, à représenter en même temps la Voyelle *i*, qu'on entend dans ces mots.

de la Langue Françoife. 141

Il faut cependant excepter ces mots, *Achille, Gille, imbécille, ville, mille,* & fes dérivés, *pupille, tranquille,* & les Verbes *diftiller,* & *vaciller,* dans lefquels les deux *ll* n'en valent qu'une fimple, & qu'on prononce, *Achi-le, Gi-le, imbéci-le, vi-le,* &c. Dans *vaciller, millenaire, milléfime,* on prononce deux *ll* fimples, *vacil-ler, mil-lenaire, milléfime.*

III°. Ces deux Lettres *il,* précedées immédiatement d'une Confonne à la fin d'un mot, ont le Son de la Voyelle *i,* fuivi du Son de la Confonne mouillée *il,* comme dans, *babil, Avril, du mil, péril.*

IV°. Ces deux Lettres *il,* ont le Son de l'*i* & d'une *l* fimple, dans ces mots, *civ*il, *ex*il, *du f*il, il, *m*il (nombre,) *morf*il, *prof*il, *N*il, *pift*il, *puér*il, *fubt*il, *v*il, *vir*il, *volat*il, & cinq ou fix autres, qui ne font pas d'un ufage ordinaire.

V°. A la fin de prefque tous les autres mots, *il* fe prononce comme un *i* fimple, fans faire entendre le Son de l'*l*; exemples : *perf*il, *fuf*il.

VI°. *Ill,* au commencement des mots, fe prononce comme un *i,* après lequel on fait fonner les deux *ll* ; exemples : *illuftre, illégitime, illicite.*

J.

J, j. Cette Lettre a toujours le Son qu'on entend dans ces mots, *jamais, dis-je.*

K.

K, k. Cette Lettre a toujours le Son *qu.* Elle n'eſt d'uſage que dans des mots étrangers ; comme K*yrie,* K*aminiek.*

L.

L, l. 1°. Cette Lettre a le Son qu'on entend dans les mots, *égal, je régale.*

11°. Précedée d'un *i*, elle repréſente ordinairement la Conſonne mouillée *il, ill*, dont nous avons parlé ci-deſſus.

111°. Elle eſt muette après l'*i*, à la fin de la plupart des mots ; exemples : *fus*il, *pers*il, *ſourc*il ; & très ſouvent à la fin du Pronom *il.*

1v°. Elle ſe prononce après les autres Voyelles, à la fin de tous les mots ; exemples : *m*al, *mort*el, *un b*al. Il faut excepter le mot *ſaoul*, à la fin duquel elle eſt muette.

Elle se prononce aussi après l'*i*, à la fin d'environ quinze ou vingt mots, qu'on peut voir ci-dessus, à la Consonne *ill*.

v°. De deux *ll* de suite, on n'en prononce ordinairement qu'une ; exemples : *allumer*, *Collége*, *collation* (petit repas.)

Mais on les prononce toutes deux dans ces mots, *allusion*, *appellatif*, *belliqueux*, *Collation* (d'un Bénéfice,) *collusion*, *constellation*, l'*Eglise Gallicane* ; dans tous les mots qui commencent par *ill*, & dans quelques autres mots, en petit nombre, que l'usage apprendra.

vi°. Les deux *ll* de ces deux mots, *Nulli* & *Sulli*, y représentent la Consonne mouillée *ill*. On les prononce comme s'il y avoit, *Nuilli*, *Suilli*.

vii°. *Lh*. Ces deux Lettres sont encore une maniere de représenter la Consonne mouillée *ill*. Elle ne se trouve que dans des noms propres ; comme *Milhaut*, *Pardalhac*.

M.

M, *m*. 1°. Cette Lettre a le Son qu'on entend dans ces mots, *mon ame*, *une maxime*.

11°. Quand elle fuit une Voyelle dans une même Syllabe, elle ne fert qu'à représenter le Son nazal que prend cette Voyelle. *Voyez à l'Article précedent, les Voyelles*, am, aim, em, eim, im, om & um.

111°. Quand elle eft redoublée, elle ne donne plus à la Voyelle précédente le Son nazal, excepté dans ces mots emmener, emmiéler, & les autres, qui commencent par *em* : & alors des deux *mm*, on n'en prononce qu'une, excepté dans *Ammoniac*, *Ammonite*, & tous les mots qui commencent par *imm*, où les deux *mm* fe prononcent.

N.

N, n. 1°. Cette Lettre a le Son qu'on entend dans ces mots, naine, *les narines*.

11°. Quand elle fuit une Voyelle dans la même Syllabe, elle ne fert qu'à repréfenter le Son nazal que prend cette Voyelle. *Voyez à l'Article précedent, les Voyelles*, an, ain, en, ein, in, on & un.

111°. Quand elle eft redoublée, elle ne donne plus à la Voyelle précédente le Son nazal, excepté dans ces mots, ennui, & fes dérivés, ennuyer, ennuyeux, &c.

Alors

Alors des deux *nn*, on n'en prononce qu'un ; exemples : *ann*eau, *enn*emi, qu'on prononce *aneau, enemi* ; excepté ces mots, *annal, annexe, annotation, annuel, annulaire, annuller, inné, innover*, où les deux *nn* se prononcent.

IV°. L'*n* final ne se prononce point, & ne se joint point à la Voyelle qui commence le mot suivant ; excepté 1°. quand les Adjectifs sont suivis de leurs Substantifs ; exemples : *mon ame, bon ami, ancien Historien, divin amour*, qui se prononcent, *mon-name, bon-nami, ancien-nHistorien, divi-namour*. Dans ce dernier exemple, la seconde Syllabe du mot *divin* perd le Son nazal. 2°. quand ces mots *bien, rien, on* & *en*, sont suivis d'un mot auquel ils ont un rapport nécessaire : *bien obligeant, rien omettre, on aime, en étudiant*, se prononcent *bien-nobligeant, rien-nomettre, on-naime, en-nétudiant*. Hors ces cas, l'*n* final ne se prononce jamais.

P.

P, p. 1°. Cette Lettre a le Son qu'on entend dans ces mots, *Pape, soupape*.

II°. Elle ne se prononce point à la

fin de ces mots, *drap, ceps, julep, des seps* de vigne, *sept, galop, loup, sirop, camp* & *champ*, même devant une Voyelle. Dans *trop* & *beaucoup*, elle ne se prononce que lorsque ces mots se trouvent devant une Voyelle. *Trop ardent, beaucoup aimé*, se prononcent *tro-pardent, beaucou-paimé*.

III°. Elle ne se prononce point dans ces mots, *Sculpteur, Sculpture, compte, compter, corps, prompt, promptitude, temps, baptême, baptiser*, &c. Aussi la retranche-t-on assez communément de la plupart de ces mots. Beaucoup d'habiles gens & de bons parleurs, ne veulent plus qu'on la prononce dans *Pseaume, Pseautier, Psalmiste, Psaltérion, Psalmodie*. Mais elle se prononce dans tous les autres mots ; comme, *ineptie, adoption, captieux, aptitude, reptile*, &c.

IV°. De deux *pp* de suite, on n'en prononce qu'un ; *appaiser, opposer*, &c, se prononcent, *apaiser, oposer*.

Q

Q, *q*. Cette Lettre ne se trouve seule que dans ces deux mots, *cinq* & *coq*. Elle se prononce toujours dans le mot *coq*, excepté dans *coq d'Inde*. Mais dans le mot *cinq*, elle ne se prononce point devant une Consonne ; exemples : *cinq louis*, prononcez *cin louis*. Mais elle se prononce à la fin d'une phrase ; exemple : *j'en ai cinq*, prononcez *cinque ;* & devant une Voyelle ; exemple : *cinq écus*, prononcez *cin-quécus*.

Qu, qu. 1°. Ces deux Lettres ne font ordinairement qu'une seule Consonne, qu'on entend dans ces mots, que*l*que qu*alité* : & la Voyelle *u* ne se prononce point.

11°. Cependant bien des personnes font entendre l'*u* dans ces mots, *equestre*, qu*esteur*, qu'elles prononcent, *écuestre*, *cuesteur*.

111°. *Qu*, se prononce *cou*, dans ces mots, *équateur*, *aquatique*, *Quadragésime*, *quadragénaire*, *quadruple*, *quadrupede*, *Quinquagésime*, qu'on prononce *écouateur*, *acouatique*, *Couadragésime*, &c. Dans le mot, *Quinquagésime*, *qu* se prononce *cu* & *cou* ; *Cuincouagésime*.

R.

R, r, rh. 1°. Cette Lettre a le Son

qu'on entend dans ces mots, *rare*, *rire*, rh*éteur*.

11°. Elle est muette à la fin de tous les mots où *er* se prononce comme un *é* fermé. Voyez *Er*, à l'Article précédent. Dans le Discours ordinaire, on ne la prononce pas même devant une Voyelle. Ainsi, *aim*er *à boire*, *cherch*er *à mang*er, se prononcent *aimé à boire*, *cherché à manger*. Mais dans le Discours soutenu, on fait entendre l'*r* devant une Voyelle, & on prononce l'*e* précédent d'un son foible & peu ouvert. Dans les mots, *loisir*, *plaisir*, *Monsieur*, & les Infinitifs employés comme Noms, *le souvenir*, *le repentir*, &c, l'*r* final ne se prononce point ordinairement, si ce n'est devant une Voyelle. Dans *Messieurs*, l'*r* ne se prononce jamais. Dans l'Adverbe *toujours*, elle ne se prononce que très rarement.

111°. De deux *rr* de suite, dans un mot, on n'en prononce qu'un ; exemple : *barré*, qui se prononce *baré* ; mais on fait sonner les deux *rr* dans les mots suivans, *err*ant, *err*ata, *err*er ; dans la plupart des mots qui commencent par *ir*, comme *irrégulier*, &c ; enfin dans les Futurs & les Conditionnels Présens des Verbes, *mourir*, *courir*, & de ſes compoſés, & les compoſés du Verbe *querir*; *je mourrai*, *je mourrois*; *je courrai*, *je courrois*, *j'accourrai*, *j'acquerrois*.

S.

S, *ſ*. 1°. Cette Lettre ſe prononce *ſe*, au commencement des mots, & lorſqu'elle précede ou qu'elle ſuit une Conſonne; exemples: *ſalle*, *vaſte*, *verſet*, *abſtenir*. Elle a le même Son à la fin de ces mots, *un as*, *une vis*, *l'iris*, & des noms étrangers; comme *Pallas*, *Cerès*, *Bacchus*. On ne la prononce cependant pas dans ces noms, *Thomas*, *Matthias*, *Judas*.

11°. Elle ſe prononce *ʒe*, quand elle ſe trouve entre deux Voyelles; exemples: *Maiſon*, *Egliſe*. Il en faut excepter ces mots, *Monoſyllabe*, *paraſol*, *Melchiſédech*, où elle conſerve le Son dur *ſe* ou *ſſe*.

L'*s*, ſe prononce encore *ʒe*, dans ces mots, *Alſace*, *Balſamine*, & dans tous ceux qui commencent par la Prépoſition *trans*; comme *tranſaction*, *tranſiger*. On prononce *Alzace*, *Balzamine*, *tranzaction*, *tranziger*.

K iij

III°. Cette Lettre est muette à la fin de presque tous les mots, n'y ayant d'exceptés que ceux que nous avons rapportés ci-dessus, au *N°. 1°* ; & alors elle sert à rendre longue la Voyelle qui la précede ; exemples : *j'avois , tu auras , des faits*.

Mais lorsque ces mots sont suivis d'une Voyelle, la Lettre *s* prend le Son *ze*, & va se joindre à cette Voyelle qui commence le mot suivant ; exemples : *vous aurez de sages amis*, qu'on prononce, *vou-zaurez de sage zamis*.

IV°. La double *ss* se prononce comme un *se* simple ; exemples : *amasser des richesses*. On prononce cependant deux *ss*, dans *acces-sible , acces-soire , clas-sique*.

Sc. Ces deux Lettres devant *a , o , u*, & devant une Consonne, se prononcent *se-que* ; exemples : *Scapulaire , scorpion , scribe , scrupule*.

Sc, devant *e* & *i*, & *sç*, n'ont que le Son *se* ; exemples : *science , sceau , sçavoir*.

Sch. 1°. Ces trois Lettres ont le même Son que *ch* ; exemples : *schisme , schismatique*, se prononcent, *chisme , chismatique*.

II°. Elles se prononcent *se que*, dans *Scholastique, Scholiaste, Scholie*, qu'on prononce & qu'on écrit même à présent, *Scolastique, Scoliaste, Scolie*.

T.

Th, t. 1°. Cette Lettre a le Son qu'on entend dans ces mots, *tacite, tête, Thèse, Théologie*.

II°. Le *t* ne se prononce point à la fin de la plupart des mots, quand le mot suivant commence par une Consonne ; exemples : *il bat, il lit, haut*.

Mais il se prononce toujours dans ces mots, *une dot, un fat, brut, zenith*. Les deux dernieres Consonnes se prononcent dans ces mots, *Apt* (Ville,) *indult, un zest, le vent d'Est, exact, tact, correct, direct, suspect, circonspect*. L'*s* & le *t*, sont toujours muets dans le saint nom de *Jesus - Christ*. Mais on les prononce, lorsqu'on dit simplement, le *Christ*, ou un *Christ*.

III°. Le *t* final se joint ordinairement à la Voyelle qui commence le mot suivant. Mais il y a tant d'exceptions, qu'on peut dire en général, que c'est l'oreille qui doit principalement décider, quand il faut ou qu'il ne faut pas le prononcer ; les regles qu'on peut donner à ce sujet n'étant pas toujours sures.

Ti, se prononce toujours *ti*, lorsqu'il n'est point suivi d'une Voyelle ; exemples : *parti, continent, tison*. Mais quand il est suivi d'une Voyelle, il se prononce tantôt *ci*, & tantôt *ti*.

I. *Ti*, lorsqu'il n'est point précédé d'une *s*, se prononce *ci* : 1°. Dans ce mot, *patient* ; dans tous les mots terminés en *tial, tiel, tieux, tien*, & dans tous les Noms, Verbes ou Adverbes qui en dérivent ; exemples : *patience, patienter, impatiemment, partial, partialité, essentiel, essentiellement, dévotieux, dévotieusement, perfection, perfectioner, ration, rational, rationel*.

II°. Dans les noms terminés en *tien*, qui sont des noms propres ; comme *Domitien, Gratien*, ou des noms qui désignent de quel pays est celui dont on parle ; comme *Vénitien*.

III°. Dans les noms terminés en *cratie* & *mantie* ; exemples : *Démocratie, Nécromantie*.

IV°. Dans les noms de pays terminés en *tie* ; exemples : *Galatie, Dalmatie*.

v°. Dans ces mots, *inertie*, *imperitie*, *primatie*, *prophétie*, *minutie*, & quelques autres en *tie*, qui ne font pas d'un uſage ordinaire.

vi°. Enfin, dans ces mots, *ſatiété*, *inſatiable*; & dans ces deux Verbes, *initier* & *balbutier*. On écrit par un *c* tous les autres Verbes en *cier*; exemples: *apprécier*, *négocier*.

II. *Ti*, conſerve le Son *ti*: 1°. dans tous les mots où il eſt précédé d'une *s* ou d'un *x*; exemples: *beſtial*, *baſtion*, *mixtion*, *Sebaſtien*, *Hoſtie*.

11°. Dans tous les noms en *tié* ou *tier*; exemples: *amitié*, *pitié*, *altier*, *chantier*. On écrit par un *c* ou une *s*, tous les mots qui ſe prononcent *cier* ou *fier*; exemples: *foncier*, *courſier*.

III°. Dans les noms terminés en *tie*; comme *partie*, *repentie*, &c. Il en faut excepter ceux dont nous avons parlé ci-deſſus, aux N°. III°. IV°. & v°.

iv°. Dans ces mots, *Chrétien*, *ſoutien*, *maintien*, *entretien*, *antienne*, *Etienne*, & autres ſemblables; & dans le Verbe, *je tiens*, & tous ſes compoſés; comme *je contiens*, *je ſoutiens*.

v°. Dans toutes les parties du Verbe *châtier*, & dans les parties des autres

Verbes, terminées en *tions* & *tiez*; exemples : *nous portions, vous portiez, nous mettions, vous mettiez, nous partions, vous partiez*.

V.

V, v. Cette Lettre a toujours le Son qu'on entend dans ces mots, *veuve, venir*.

X.

X, x. 1°. Cette Lettre se prononce *gue-ze*, dans tous les mots qui commencent par *ex*, suivi d'une Voyelle; exemples : e*xamen*, e*xercer*, e*xil*, e*xode*, e*xorde*, se prononcent *egzamen, egzercer, egzil, egzode, egzorde*.

11°. Il est difficile de déterminer le Son de l'*x* au commencement des mots. Car on le prononce tantôt *gz* ou *cs*, tantôt *s* ou *ch*. Ainsi on dit *Gzavier, Csenophon* ou *Senophon*, *Simenès* ou *Chimenès*, pour *Xavier*, *Xenophon*, *Ximenès*.

111°. Il se prononce *cs*, dans la plupart des autres mots; exemples : *Alexandre*, *axiome*, *expert*, *sexe*, *fixer*,

de la Langue Françoise. 155

qu'on prononce, *Alecsandre*, *acsiome*, *ecspert*, *secse*, *ficser*. Il a les mêmes Sons que *ce*, ou *cs*, à la fin des mots terminés en *ax*, *ex*, *ix*, *ox*, *ux* & *inx*; exemples: *borax*, *index*, *préfix*, *Palafox*, *Pollux*, *Sphinx*, qu'on prononce, *boracse*, *indecse*, *préficse*, &c. Il en faut excepter les mots, dont nous parlerons ci-après.

IV°. Il n'a que le Son *se* ou *sse*, 1°. dans ces mots, *soixante*, *Auxerre*, *Auxonne*, *Bruxelles*, qu'on prononce *soissante*, *Ausserre*, *Aussone*, *Brusselles*: 2°. à la fin de ces deux noms de Villes, *Aix* & *Cadix*, qu'on prononce *Aisse* & *Cadisse*: 3°. dans ces deux nombres, *six* & *dix*, lorsqu'ils ne sont suivis d'aucun Nom ou Pronom, auquel ils aient rapport; exemples: *j'en ai six ou dix: Six & quatre font dix*; on prononce *sisse* & *disse*.

V°. Cette Lettre est muette à la fin de ces mots, *Crucifix*, *prix*, & *flux*, & de tous ceux qui sont terminés en *aix*, *aux*, *eux*, *oix* & *oux*; & elle ne fait que rendre la Syllabe longue; exemples: *la paix*, *des maux*, *des jeux*, *des noix*, *de la poix*, *du houx*. Elle l'est aussi dans les nombres *six* & *dix*, lorsqu'ils sont suivis des noms auxquels ils ont rapport, & que ces noms commencent par une Consonne ; exemples : *six tables*, *dix louis*.

vi°. Lorsque l'*x* final se joint à la Voyelle qui commence le mot suivant, il prend le Son *ze*.

Mais il ne se prononce ainsi, que dans les occasions que nous allons expliquer. 1°. Après l'Article *aux* ; exemples : *aux hommes*, qu'on prononce *auzhommes* : 2°. après le mot *paix*, suivi de son Adjectif ; exemples : *paix honorable* : 3°. après les noms Substantifs, qui n'ayant point d'*x* au Singulier, le prennent au Pluriel, & seulement quand ils sont suivis de leurs Adjectifs ; exemples : *chevaux alertes*, *cheveux épars*: 4°. après les noms Adjectifs, mais seulement quand ils sont suivis de leurs Substantifs ; exemples : *faux accord*, *affreux état* : 5°. après les Verbes, *je veux*, *je peux*, lorsqu'on dit, *j'en veux une*, *je veux en avoir*, *je veux y aller*, *je ne peux en avoir*, *tu peux y prétendre*. Mais dans les autres occasions, il faut consulter l'oreille, pour distinguer quand on doit prononcer devant une Voyelle l'*x* final de ces Verbes, *je veux*, *je peux*, ou quand on ne doit point le prononcer du tout : 6°. après les nombres *six* & *dix*, lorsqu'ils font suivis des Noms ou Pronoms auxquels ils ont rapport ; exemples : *six amis , dix écus , j'en ai six autres*.

VII°. *X*, se prononce encore *ze*, dans ces mots, *deuxieme , sixieme , dixieme , sixain , dixaine*, qu'on prononce, *deuzieme , sizieme , dizieme* , &c.

Z.

Z , z. 1°. Quand cette Lettre commence une Syllabe, elle a le Son qu'on entend dans ces mots, *zele , Zodiaque , zizanie*.

II°. Elle est ordinairement muette à la fin des mots, après un *e*, à qui elle donne le Son de l'*é fermé* ; exemples : *cessez , c'est assez*.

III°. On la prononce cependant à la fin des Noms propres d'Hommes ou de Villes, & l'*e* qui la précede est un *è* fort ouvert ; exemples : *Sanchez , Suarez , Rhodez , Senez*.

CHAPITRE V.

Des Accens.

Il y a trois signes, qu'on nomme *Accens*. Ce font de petites lignes, qui fe pofent obliquement au deffus des Voyelles. Le premier, qu'on nomme l'*Accent aigu*, eft une ligne tirée de droite à gauche, telle qu'on la voit fur l'*é* du mot *bonté*. Le fecond, qui eft l'*Accent grave*, fe marque par une ligne tirée de gauche à droite, comme fur l'*è* du mot *accès*. Enfin, l'*Accent circonflexe* fe forme par la réunion de ces deux lignes, qui fe joignent par le haut, & préfentent la figure d'un ^, qu'on appelle vulgairement *Chevron brifé*, comme on le voit fur l'*â* de ce mot, *pâte*.

Les Accens étoient fort en ufage dans la Langue Grecque, d'où ils ont paffé à plufieurs autres Langues. Mais les François, à proprement parler, n'en ont pris que les noms & les formes. Car pour les ufages qu'ils ont dans notre écriture, ils n'ont aucun rapport avec ceux qu'ils avoient chez les Grecs.

L'Accent, chez les Grecs, & même chez les Latins, étoit Profodique, c'est-à-dire qu'il marquoit les différentes inflexions qu'il falloit donner à la voix ; & lorsqu'il falloit élever le ton ou le baisser sur une Syllabe. C'est de-là même que l'Accent est appellé en Latin *Accentus*, qui vient d'*accinere*, Verbe latin, qui veut dire *chanter*, & en Grec *Prosodia*, qui signifie *chant, mélodie*. Car ces Peuples, sur-tout les Grecs, étoient fort sensibles à l'harmonie des mots, & leur Profodie étoit un espece de chant. L'Accent *aigu* marquoit qu'il falloit élever le ton en prononçant la Syllabe sur laquelle il étoit posé : l'Accent *grave* indiquoit quand il falloit le baisser : le *circonflexe* fesoit connoître qu'il falloit d'abord élever le ton, puis le baisser sur la même Syllabe. Cette élévation du ton dans l'Accent aigu, & son abbaissement dans le grave, étoient fort considérables dans la Langue Grecque, puisqu'ils étoient d'une Quinte, au rapport de Denis d'Halicarnasse, cité par M. Duclos, dans ses *Remarques sur le Chapitre IV de la Grammaire*

générale & raisonnée. » Ainsi, conclut M.
» Duclos, l'Accent Profodique (des
» Grecs) étoit aussi Musical ; surtout
» le circonflexe ; où la voix, après
» avoir monté d'une quinte, descen-
» doit d'une autre quinte sur la même
» Syllabe, qui parconséquent se pro-
» nonçoit deux fois.

» On ne sçait plus aujourd'hui, con-
» tinue ce sçavant Grammairien, quelle
» étoit la proportion des Accens des La-
» tins ; mais on n'ignore pas qu'ils étoient
» fort sensibles à la Prosodie : ils avoient
» les Accens, l'Aspiration, la Quanti-
» té, les Repos. «

Pour nous autres François, nous
avons aussi une espece de Prosodie;
mais qui n'est pas si sensible que celle
des Grecs & des Latins. Nous n'éle-
vons ni ne baissons pas tant, à beaucoup près, ni si fréquemment qu'eux,
le ton en parlant. Notre Langue n'est
pas chantante par elle-même, & elle
paroîtroit en quelque sorte monotone,
s'il étoit possible d'en comparer la prononciation avec celle des Langues Grecque & Latine ; car la prononciation de
ces deux Langues est tout-à-fait per-
due, & nous ne pouvons nous en former
quelque

quelque idée, que fur ce que nous en rapportent les anciens Auteurs Grecs & Latins.

D'ailleurs, notre Profodie n'eft point déterminée par aucune régle fixe. C eft l'ufage ; ce font les différens mouvemens dont notre ame eft agitée ; c'eft affez fouvent l'oreille feule, qui nous détermine à élever ou à baiffer le ton ; de forte que telle Syllabe qu'on éleve dans une phrafe, peut être baiffée dans une autre. Ainfi notre Langue ne connoît point l'Accent Profodique, & par conféquent les Accens dont nous nous fervons, font d'une nature toute différente de ceux des Grecs & des Latins, & ont des ufages bien différens, quoiqu'ils foient figurés de même.

» Toutes les fois (donc, dit M. l'Ab-
» bé d'Olivet *) qu'une Syllabe fran-
» çoife eft marquée d'un Accent aigu,
» comme dans *bonté*, cela ne m'apprend
» pas que la derniere Syllabe doive être
» plus élevée que la précédente ; mais
» cela m'apprend feulement que l'E qui
» fe trouve dans cette Syllabe eft fer-
» mé, & doit fe prononcer autrement

* Traité de la Profodie Françoife, Art. II, des Accens.

L

„ que fi c'étoit un E ouvert, ou un E
„ muet. Ainfi l'Accent aigu n'influe point
„ fur la Syllabe entiere, relativement
„ aux Syllabes qui précedent ou qui
„ fuivent : mais il n'influe que fur la
„ lettre même, relativement aux au-
„ tres Sons qu'elle peut former ailleurs.

„ Pour ce qui eft de l'Accent grave,
„ il ne nous fert pareillement, que pour
„ défigner l'E ouvert, comme dans *pro-*
„ *grès*, & pour différencier certains mots,
„ qui s'écrivent & fe prononcent de mê-
„ me, mais fans avoir le même fens :
„ par exemple, dans la Prépofition *à*,
„ & dans les Adverbes *là* & *où*; afin
„ qu'on les diftingue, de *a* venant du
„ Verbe *avoir* ; de *la* Article ; & d'*ou*
„ Conjonction.

„ Plus fouvent encore, l'Accent cir-
„ conflexe ne fert qu'à marquer la fup-
„ preffion d'une lettre, qui étoit autre-
„ fois employée pour rendre la Syllabe
„ longue ; comme dans *bête*, *tôt*, *aimât*,
„ qui s'écrivoient autrefois, *befte*, *toft*,
„ *aimaft*.

„ Ainfi l'Accent imprimé, (c'eft ainfi
„ que M. d'Olivet nomme l'Accent
„ François) lors même qu'il influe, non
„ pas fur une Voyelle feulement, mais

» fur la Syllabe entiere, ne fert qu'à en
» marquer la longueur. Or la longeur
» & la briéveté de la Syllabe ne font
» point l'objet de l'Accent (Profodi-
» que.) Mais fon objet unique c'eft de
» faire élever ou baiffer la voix à pro-
» pos. Je conclus de-là, que notre Ac-
» cent imprimé ne reffemble en rien à
« l'Accent Profodique ; & que s'il en
» conferve le nom & la figure, c'eft
» abufivement. «

Dans ce long texte, M. d'Olivet explique affez clairement les ufages de
nos Accens. L'Accent aigu ne fert qu'à
marquer l'*é* fermé. L'Accent grave ne
s'emploie que pour marquer les *è* ouverts longs & graves ; comme dans
thèfe, *diérèfe*, *après*. Pour l'Accent circonflexe, il fe place fur huit de nos
Voyelles; fçavoir fur *â*, *ê*, *eû*, *ô*, qu'il
rend très graves, & par-conféquent
très longues ; exemples : *âge*, *fête*, *jeû-
ne*, *côte* ; & fur *î*, *oû*, *û* & *în*, qu'il
rend feulement très longues ; exemples :
gîte, *voûte*, *flûte*, *vous vîntes*.

La deftination de l'Accent circonflexe, doit être uniquement de faire diftinguer les Syllabes très longues. Par-
conféquent c'eft un abus de le placer

L ij

sur des Syllabes breves, sous prétexte du retranchement de quelque Lettre inutile qu'on aura supprimée. Cet abus étoit autrefois fort commun. Mais depuis quelque temps, on prend plus d'attention à ne placer l'Accent circonflexe que sur des Voyelles très longues.

Il y a des Auteurs qui marquent d'un Accent aigu l'*e* qui précede une Consonne & un *e* muet; comme dans *pére*, *je céde*, *le sixiéme*, &c; excepté ceux qui se prononcent d'un son plus ouvert, comme dans *thèse*, *après*, &c, qu'ils marquent d'un Accent grave.

D'autres marquent cet *e* d'un Accent grave, qu'ils mettent aussi sur l'*e* des mots terminés en *er*, où l'*r* se prononce, comme *am*è*r*, *du f*è*r*, *il est f*è*r*.

Quelques autres nouveaux Grammairiens, s'imaginant que cet *e* forme une espéce d'*e* particuliere distinguée de l'*é* fermé & de l'*e* ouvert, qu'ils ont jugé à propos de nommer *moyen*, ont aussi imaginé de les marquer d'une ligne perpendiculaire, à qui ils veulent donner le nom d'*Accent*. Mais quel Accent? ils n'ont pu encore lui trouver de surnom. Aussi ce nouvel Accent n'est-il gueres connu, & il n'y a pas

de la Langue Françoise. 165

d'apparence qu'il fasse jamais fortune.

Enfin, un très grand nombre d'Auteurs écrivent cet *e* sans le marquer d'aucun Accent.

De ces quatre usages, c'est le dernier qui paroît être le plus fondé en raisons. En effet, de quelle nécessité, ou de quelle utilité peut être un Accent, quel qu'il soit, sur cet *e* qui est bref & ouvert par sa nature (comme nous l'avons prouvé dans la *Iere Partie, Chapitre I, Article II,* § *II.*) & que sa position fait aisément reconnoître ? On ne pourra jamais le confondre avec l'*e* muet, puisque c'est une regle générale, que tout *é* sans accent, suivi d'une Consonne & d'un *e* muet à la fin d'un mot, comme dans *pere*, ou d'une Consonne, avec laquelle il fait une Syllabe, comme dans *amer*, est un *e* ouvert bref. Par cela même qu'il est sans Accent, il est distingué de l'*é* fermé, qui est toujours marqué d'un Accent aigu, & de l'*e* ouvert long & grave, qui est marqué d'un Accent grave, ou de l'Accent circonflexe, lorsqu'on le doit prononcer d'un son très grave.

Au contraire, il y a des inconvéniens à le marquer d'un Accent.

L iij

1°. Si on le marque d'un Accent aigu, on donnera lieu de le prendre pour un *é* fermé. Il est vrai que cette erreur ne sera que dans l'esprit, & ne peut influer sur la prononciation, puisqu'il est impossible de prononcer autrement cet *e*, que d'un son bref & ouvert. Mais il faut toujours éviter ce qui peut induire en erreur, quelque légere que puisse être cette erreur.

Si cependant cette pratique devenoit universelle, alors on établiroit pour regle générale, que tout *é* marqué d'un Accent aigu, & suivi d'une Consonne autre que le *g* ou *j*, & d'un *e* muet, est un *e* ouvert bref. Il n'y auroit plus à craindre qu'on le confondît avec l'*é fermé*; & de plus il y auroit cet avantage, qu'il seroit parfaitement distingué de l'*e* muet ou plutôt de l'*e* obscur, qui se rencontre souvent au milieu des mots, comme dans *remene*, *recele*, où le premier *e* est *obscur*, le second *ouvert bref*, & le troisieme est *muet*, & où ils seroient parfaitement distingués si on écrivoit *reméne*, *recéle*.

2°. Si on le marque d'un Accent grave, il y a plus d'inconvénient. Car cela donnera lieu de le prononcer d'un son trop long & trop grave, & ne mettra aucune différence entre *il pese*, *il cele*, dont l'*e* est bref, & *une alèse*, *le zèle*, &c, dont l'*e* long & grave demande une plus grande ouverture de bouche. Ainsi il paroît qu'il faut absolument proscrire l'Accent grave de dessus ces *e* brefs & ouverts, & le réserver pour les *e* longs ; comme par exemple pour l'*e* de ces mots, *prèsse*, *emprèsse*, *nèfle*, qui est long & grave, sur lequel cependant je ne sçai pourquoi il n'est pas encore d'usage de le mettre, quoiqu'il seroit bon de le distinguer de l'*e* très bref qu'on prononce dans *messe*, *adresse*, *trefle*.

Observations sur la Diérèse ou Points tréma.

La Diérèse, que l'on nomme autrement *tréma*, est formée par deux points de suite (..) que l'on place ainsi sur une de ces trois Lettres, *ë*, *ï*, *ü*.

Placée sur l'*ë* & sur *l'ü*, elle sert uniquement à marquer qu'il faut prononcer ces Lettres en des Syllabes séparées des Voyelles qui les précedent. Ainsi *Poëte*, *Saül*, *Thoü*, se prononcent *Po-éte*, *Sa-ul*, *Tho-u*.

L iv

On se sert aussi de l'*ü tréma* à la fin de ces mots, *ciguë*, *aiguë*, *ambiguë*, pour marquer qu'il faut prononcer l'*u* dans ces mots ; au lieu qu'on ne le prononce point dans ceux-ci, *digue*, *figue*, *fatigue*. Il seroit à souhaiter qu'on s'en servît dans ce mot *égüille*, & quelques autres, où l'*u* se prononce, au lieu qu'il ne se prononce pas dans *anguille*, *éguillon*.

La Diérèse placée sur l'*i*, n'a quelquefois d'autre usage que de le faire prononcer en une Syllabe distinguée de l'*a*, ou de l'*o*, ou de l'*u* qui le précede, comme dans ces mots, *haï*, *héroïne*, *jouir*. Mais souvent elle sert à faire donner à l'*i* le Son mouillé dont nous avons parlé dans la Iere *Partie*, Chapitre II, *Article V*, § II, & qu'on entend dans ces mots, *païen*, *aïeul*, *gaïac*.

C'est un abus de vouloir faire servir l'*i tréma* pour deux *i*, comme dans ces mots, *moïen*, *roïaume*, &c, qu'il faut écrire par un y grec, *moyen*, *royaume* : comme c'en est un de mettre un y grec dans ces mots, *payen*, *ayeul*, &c, qui doivent être écrits par un *ï* 'tréma, *païen*, *aïeul*.

C'étoit un autre abus, mais qui n'a plus lieu, d'écrire *loüer*, *Loüis*, de peur qu'on ne life, *lover*, *Lovis*. Car la figure du *v* étant aux ieux auffi différente de celle de l'*u*, que leur Son l'eſt à l'oreille, on n'a pas befoin à préfent de figne, pour reconnoître que cette Lettre *u* eſt une Voyelle, ou fait partie d'une Voyelle.

Fin de la II Partie

TABLE.

TRAITÉ des Sons de la Langue Françoise, & des caracteres qui les repréfentent. Page 1

PREMIERE PARTIE.

De la Nature & du nombre des Sons qui forment le Langage. 3

CHAPITRE PREMIER.
Des Voyelles.

ARTICLE I. *De la nature & du nombre des Voyelles.* 5
ART. II. *Obfervations particulieres fur quelques-unes de ces Voyelles.* 11
§. 1. *Sur l'é fermé.* ibid.
§. 2. *Sur l'é ouvert.* ibid.
§. 3. *Sur l'é muet & l'e obfcur.* 15
§. 4. *Sur les Voyelles* eu & ou. 20
§. 5. *Sur les Voyelles Nazales.* 22
§. 6. *Sur une cinquieme Voyelle nazale, admife par quelques Grammairiens.* 23

TABLE.

ART. III. *Des Diphthongues.* Page 29

CHAPITRE II.
Des Conſonnes.

ART. I. *De la nature des Conſonnes, & des cauſes qui les produiſent.* 35

ART. II. *Conſéquences évidentes qui réſultent de ce qu'on vient d'expliquer.* 37

I. *Les Conſonnes ne ſont pas des Sons proprement dits.* ibid.

II. *Une Conſonne ne peut ſe prononcer qu'avec une Voyelle.* ibid.

III. *Une Conſonne & une Voyelle ne font qu'un ſeul Son, qu'on nomme* Son articulé. 38

IV. *Il faut faire prononcer les Sons articulés, ſans faire épeller.* 39

V. *La Conſonne précede toujours en quelque ſorte la Voyelle qu'elle modifie.* 40

VI. *Les Conſonnes qui terminent une Syllabe ſe prononcent avec un* e muet *ſuppléée.* 42

VII. *Les Conſonnes qui précedent immédiatement une autre Conſonne, ne ſe prononcent de même qu'avec l'*e muet. 44

VIII. *Il faut apprendre aux Commençans à prononcer les Conſonnes avec l'*e muet, *& leur faire dire,* be, de, fe; *au lieu*

de, bé, dé, effe, &c. Page 44
ART. III. *Du nombre des Confonnes.* 48
ART. IV. *Avantages de l'ordre qu'on a fuivi dans la Table des Confonnes.* 53
ART. V. *Des trois Confonnes mouillées,* gu, qu & i. 56
§. 1. *Gu & qu mouillés.* 57
§. 2. *Du i mouillé.* 60
ART. VI. *Utilité de la connoiffance de ces trois Confonnes. Ufage qu'un Maître en doit faire. Différentes manieres de les repréfenter.* 66
ART. VII. *Utilité de la connoiffance du Méchanifme des Confonnes.* 72

CHAPITRE III.

Des Sons articulés, des Syllabes & des Mots. 77

SECONDE PARTIE.

Des Caracteres ou Lettres qui fervent à repréfenter les Sons. 83

CHAPITRE PREMIER.

Néceffité de l'Ecriture. Comment elle a été inventée. De la deftination & des différentes formes des Lettres. 83

TABLE.

CHAPITRE II.

Des Noms des Lettres.
Art. I. *De l'Alphabet, & de l'Ordre Alphabétique. Ses Usages. Nombre & Noms des Lettres. Remarques sur les Consonnes j & v.* Page 90
Art. II.
§. I. *Différence des Noms des Lettres, & des Sons qu'elles représentent.* 96
§. II. *Qu'il ne faut point faire épeller.* 97
§. III. *Qu'il ne faut point abolir les anciens Noms des Lettres. Mais qu'il ne faut les faire connoître aux Disciples, que quand ils feront avancés dans la Lecture.* 101

CHAPITRE III.

Que les Sons de notre Langue se représentent de plusieurs manieres. Difficultés qui en résultent. Remede à ces inconvéniens. 104

CHAPITRE IV.

Exposition des différens Sons des Lettres, ou des Combinaisons de Lettres, considerées chacune en particulier. 120
Art. I. *Valeurs & différens Sons des Caracteres qui représentent les Voyelles.* ib.

ART. II. *Valeurs & Sons différens des Ca-*
racteres qui repréſentent les Conſonnes.
Page 133

CHAPITRE V.

Des Accens. 158
Obſervations ſur la Diéréſe ou Point tréma.
167

Fin de la Table.

TRAITÉ

DE

LA MANIERE

D'ENSEIGNER A LIRE.

TRAITÉ
DE LA MANIERE
D'ENSEIGNER A LIRE,

SERVANT DE

TROISIEME PARTIE

AU TRAITÉ

DES SONS DE LA LANGUE FRANÇOISE.

A PARIS,

Chez JEAN-THOMAS HÉRISSANT, Libraire,
rue S. Jacques, à S. Paul & à S. Hilaire.

M D C C L X.

Avec Approbation, & Privilége du Roi.

TRAITÉ
DE LA MANIERE
D'ENSEIGNER A LIRE.

CHAPITRE PREMIER.

L'Alphabet est insuffisant pour faire connoître les Sons de la Langue Françoise.

LE but qu'un Maître de Lecture doit se proposer, est de montrer à ses Disciples les différentes manieres dont on représente tous les Sons de notre Langue ; & de bien faire distinguer les Caracteres qui servent à représenter les Voyelles, d'avec ceux qui représentent les Consonnes. Or, rien de tout cela ne se peut faire en commençant par l'Alphabet.

I. Dans l'Alphabet, les Lettres se trouvent pêle-mêle les unes avec les autres, sans aucun ordre raisonné. Les Voyelles y sont confondues avec les Consonnes. Aussi, combien voit-on de personnes, qui, quoiqu'elles sçachent un peu lire, ne sçavent pas faire la différence d'une Voyelle & d'une Consonne. Cependant il est très nécessaire d'avoir cette connoissance, quand ce ne seroit que pour distinguer en quelles occasions il faut donner à la Lettre ſ le son ſſ ou le son ʒ ; & pour empêcher qu'on ne prononce *oça* pour *oſa*, *poiſſon* pour *poiſon*, *baiſſer* pour *baiſer* ; ce qui change tout le sens du discours, & fait que ceux qui lisent, ne s'entendant plus, perdent toute la suite du raisonnement, & tout le fruit de leur Lecture.

II. L'Alphabet ne présente que six Voyelles, *a, e, i, o, u, y* : ou, pour mieux dire, il n'en présente que cinq ; car *i* & *y* ne sont que deux manieres de représenter la Voyelle *i*. Cependant, il y a au moins treize Voyelles dans la Langue Françoise. C'est par-conséquent huit Voyelles que l'on ne connoît point, lors même qu'on sçait parfaitement l'Alphabet.

Il en est de même à l'égard des Consonnes. Nous en avons au moins dix-huit. L'Alphabet nous présente, à la vérité, dix-huit Lettres destinées à représenter des Consonnes, sans y comprendre l'*h*, qui n'est qu'un signe d'aspiration, & qui le plus souvent ne sert à rien. Mais de ces dix-huit Lettres, il y en a trois, sçavoir les Lettres *c*, *k*, *x*, qui ne représentent que des Consonnes déja représentées par d'autres Lettres. Car le *c* s'emploie pour les mêmes Sons que les Lettres *s* ou *qu*. Le *k* a la même valeur que *qu*; & d'ailleurs il n'est pas une Lettre Françoise, puisqu'il n'a lieu que dans des mots étrangers. Enfin, l'*x* n'est proprement qu'une abréviation qui se met tantôt pour *gz*, & tantôt pour *cs*. Ce sont donc trois Lettres qu'il ne faut plus compter pour des Consonnes particulieres. Par-conséquent l'Alphabet ne fait connoître réellement que quinze Consonnes, & il en reste trois dont il ne donne aucune connoissance; ce sont les Consonnes *ch*, *gn* & *ill*.

Si on donne à la Lettre *g* le nom *gé*, il y a une quatrieme Consonne que l'Alphabet ne fait pas connoître, sçavoir la Consonne *g* ou *gu*, qui sonne dans ces mots, *Gog*, *Agag* : car le nom *gé* ne peut fournir aucune idée du Son *gue*, & ne présente que celle du Son *j*.

III. La plupart des Voyelles, & plusieurs Consonnes, se représentent de diverses manieres. La Voyelle *è*, par exemple, se représente encore par *ei* dans *peine* ; par *ai* dans *vaine* ; par *oi* dans *foible* ; &c. La Consonne *f* se représente aussi par *ph* dans *philosophe*.

On trouve bien dans l'Alphabet, *i* & *y* pour la Voyelle *i* ; *c* & *s* pour la Consonne *s* ; *k* & *q* pour la Consonne *qu* ; & *g* & *j* pour la Consonne *j*. Mais pour les autres Voyelles & Consonnes, que l'Alphabet contient, elles n'y sont présentées que sous une seule forme.

Puis donc que l'Alphabet ne contient pas tous les Sons de la Langue Françoise, ni toutes les manieres de les représenter ; après que les Eleves se seront donné bien de la peine pour l'apprendre, il faudra nécessairement qu'ils recommencent tout sur nouveaux frais, pour connoître toutes les Voyelles, toutes les Consonnes, & tous les caracteres qui les représentent. Pourquoi donc ne leur épargneroit-t-on pas un travail inutile, en laiſſant là pour un temps cet Alphabet, qui ne peut leur ſervir à rien pour le préſent ? Ne vaudroit-il pas mieux commencer par leur montrer les Voyelles, & enſuite les Conſonnes ? En les leur montrant dans un certain ordre, ils auront moins de peine à les apprendre, que l'Alphabet, où les Lettres ſont pêle-mêle, ſans aucun ordre raiſonné. Quand ils ſeront avancés dans la Lecture, on leur donnera alors l'Alphabet, qu'ils apprendront en un inſtant & ſans aucune peine.

CHAPITRE II.
Il ne faut pas ſe ſervir des Noms des Lettres.

LEs Lettres n'ont aucun Son par elles-mêmes. Elles ne ſont que des ſignes de convention, des figures muettes, auxquelles on eſt convenu d'attacher les dées des Sons : c'eſt-à-dire, qu'on eſt convenu de prononcer tel ou tel Son, lorſqu'on verroit telle ou telle Lettre.

Les noms, *a*, *bé*, *cé*, *dé*, *é*, *effe*, *gé*, *hache*, &c, qu'on donne ordinairement aux Lettres, fervent uniquement à rappeller à l'esprit les figures des Lettres. Si on me parle d'un *bé*, d'une *effe*, je me rappelle auſſitôt des figures faites de cette façon, B, F, ou *b*, *f*.

Mais ces Noms ne font pas les Sons que ces Lettres repréſentent. Car ſi cela étoit, 1°. pour prononcer un mot, il faudroit néceſſairement toujours nommer les Lettres qui l'expriment : ainſi on ne pourroit prononcer ce mot *chaux*, qu'en diſant *cé hache a u ixe*. 2°. Il faudroit au moins qu'il y eût quelque rapport entre les Noms des Lettres & le Son qu'on a à prononcer, & qu'ils puſſent en donner l'idée. Or, pour me ſervir du même exemple, quel rapport y a-t-il entre ces Noms, *cé*, *hache*, *a*, *u*, *ixe*, & le Son *chaux?* Qu'on prononce ces Noms devant une perſonne qui ne fçait pas lire, lui viendra-t-il jamais dans l'eſprit, qu'il faut prononcer le mot *chaux* ?

I. Les Noms des Lettres ne font donc d'aucune utilité aux Commençans, puiſqu'ils ne peuvent ſervir à leur donner les idées des vrais Sons qu'ils doivent prononcer. Ils ne peuvent au contraire que leur nuire, & les embaraſſer en chargeant leur mémoire de Sons inutiles, & plus capables d'éloigner de leur esprit les idées des Sons, que de les leur fournir.

II. Le plus souvent, les Noms des Lettres présentent des idées fausses, & tout-à-fait contraires aux Sons qu'il faut prononcer. C'est ce qu'il est aisé de démontrer.

1°. Nous avons des Lettres, qui, selon les différentes circonstances où on les emploie, servent à représenter des Sons fort différens. Ainsi, la Lettre *e* marque tantôt un *é* fermé, tantôt un *e* ouvert, & tantôt un *e* muet qui ne se prononce point. Ces trois Sons se trouvent dans le mot *ténèbres*. Si on donne à tous ces *e*, le nom *é* que cette Lettre a dans l'Alphabet, on sera porté à prononcer, *ténébrés* pour *ténèbres*, *péré* pour *pere*, &c.

La Lettre *c* se prononce tantôt *qu*, & tantôt *se*. Le nom *cé*, qu'on lui donne, porte à prononcer *sa* pour *qua* ; *cé*, *a*, *sa* ; à dire *lacé* pour *lac*, &c.

La Lettre *g* se prononce tantôt *gue*; comme dans *Gog*, *Agag*, & tantôt *je*. Le nom *gé* conduit naturellement à prononcer *Jogé* pour *Gog*, *Ajagé* pour *Agag*.

La Lettre *ſ* se prononce tantôt *ſſe*,

& tantôt *ze*. Le nom *esse* porte à prononcer *ossa* pour *osa*, *poisson* pour *poison*, *baisser* pour *baiser*, &c ; parcequ'on leur fait dire, *o esse a*, & que *esse a*, fait plutôt *sa* que *za*.

La Lettre *t* se prononce quelquefois comme une *s*, lorsqu'elle est suivie d'un *i* & d'une autre Voyelle. En fesant dire *té i*, jamais le Son *si* ne viendra dans l'idée ; & un enfant prononcera *des portions*, de la même maniere que *nous portions*.

Un Maître qui entend son Eleve faire ces fautes, se fâche, s'impatiente, & souvent le frape & le maltraite. Mais est-ce la faute de son Eleve, s'il prononce des Sons faux, auxquels les noms des Lettres le conduisent naturellement ? Que le Maître ne s'en prenne donc pas à son Eleve, mais à sa Méthode, & qu'il la change.

11°. Il arrive très souvent qu'on assemble plusieurs Lettres ensemble, pour ne représenter qu'une simple Voyelle ou qu'une simple Consonne. Ainsi, par exemple, pour exprimer ces Sons simples, *é*, *o*, *ê*, on se sert souvent de ces assemblages ou combinaisons de Lettres, *ai*, *au* *oient*, & de beaucoup d'autres. De même, pour repréfenter la Confonne *f*, on emploie quelquefois cette combinaifon de Lettres, *ph*. Il y a même des Voyelles & des Confonnes, qui, faute de Caracteres fimples pour les repréfenter, ne peuvent être exprimées que par plufieurs Lettres. Telles font les deux Voyelles, *eu* & *ou* ; les quatre Voyelles nazales, *an*, *in*, *on* & *un*, qui fe repréfentent de plufieurs autres manieres : enfin les trois Confonnes, *ch*, *gn* & *ill*.

Or, chacune des Lettres qui forment ces différentes combinaifons, n'a point le Son qu'on lui donneroit fi elle étoit feule ; & ces Lettres réunies enfemble, repréfentent un Son qui n'a nul rapport avec ceux qu'elles exprimeroient chacune prife féparément. Ainfi dans *eu*, *au*, *ou*, &c, on n'entend ni les Sons de l'*e*, ou de l'*a*, ou de l'*o*, ni le Son de l'*u*. Mais feulement un Son très fimple, repréfenté par ces combinaifons de Lettres, *eu*, *au*, *ou*.

Si donc on fait nommer aux Eleves les Lettres qui forment ces combinaifons, on leur fera prononcer des Sons faux, qui n'ayant aucun rapport ni aucune liaifon avec les vrais Sons qu'on doit prononcer, ne ferviront qu'à en écarter les idées de leur efprit, à les embaraffer, à leur caufer mille incertitudes & mille difficultés, & enfin à les rebuter; ce qui n'arrive que trop fouvent.

Nous expoferons dans les Chapitres fuivans, la Maniere dont les Maîtres doivent faire prononcer les Lettres & les Syllabes. Mais il eft néceffaire de donner auparavant une idée générale des Sons qui forment la Parole ou le Langage.

CHAPITRE III.
Idée générale des Sons qui forment le Langage.

IL y a deux fortes de Sons qui forment le Langage, fçavoir, les Sons *fimples* & les Sons *articulés*.

Les Sons fimples, qu'on nomme *Voyelles*, font des Sons ou voix qui fe font entendre tels qu'ils fortent de la poitrine, fans recevoir en paffant par la bouche aucune autre impreffion ou nuance de Son; & qui fe diverfifient par les différentes difpofitions du paffage de la voix. Tels font, *a*, *é*, *eu*, *i*, *o*, *ou*, *u*, &c.

Les Sons articulés font ces mêmes Sons ou Voyelles, qui en paffant par la bouche reçoivent de nouvelles modifications, c'eft-à-dire, de nouvelles impreffions ou nuances de Son, qu'on nomme *Articulations* ou *Confonnes*, & qui font produites par les divers mouvemens des lévres ou de la langue.

Ainfi une Confonne eft une impreffion ou une nuance de Son, que les divers mouvemens de la langue ou des lévres donnent à une Voyelle lorfqu'elle paffe par la bouche.

Par exemple, *a* eft une Voyelle ou un Son fimple. Mais *ba* & *ga*, font des Sons articulés, parceque les mouvemens des lévres dans *ba*, & ceux de la langue dans *ga*, ont fait prendre à la Voyelle *a*, ces nouvelles impreffions ou nuances de Son, qui font entendre les Sons articulés *ba* & *ga* : & ces différences de Son qui font entre *ba* ou *ga*, & la Voyelle *a*, font ce qu'on appelle les Confonnes *b* & *g*.

On ne peut faire entendre une Confonne que par le moyen d'une Voyelle. Car j'aurai beau remuer les lévres ou la langue, on n'entendra rien, si je ne pousse en même temps une voix de ma poitrine.

Ce sont donc les Voyelles qui sont les vrais & les principaux Sons de la langue. C'est par-conséquent par les Voyelles que le Maître doit commencer l'instruction de ses Eleves.

CHAPITRE IV.

Maniere de faire connoître les Voyelles aux Commençans.

Avant que de mettre des Cartes ou un Syllabaire entre les mains des Eleves, le Maître doit leur donner de vive voix une idée des Voyelles, la plus simple qu'il pourra, en leur disant seulement & leur fesant répéter, qu'*une Voyelle est un Son ou une voix qu'on pousse de la poitrine.*

Il leur dira ensuite, qu'il y a quatre grandes Voyelles, sçavoir, *a*, *è* (*),

---

(*) Le Maître aura l'attention de prononcer la troisieme Voyelle *e*, qu'on nomme *e ouvert*, comme les deux *e* du mot *effet*, & comme *ai* du mot *délai-*

eu (*), *o* ; quatre Nazales, qui font, *an*, *in*, *un*, *on*, & quatre petites Voyelles, qui font, *é*, *i*, *ou* & *u*.

Il fera répéter cela plusieurs fois à ses Disciples ; & il pourra s'en tenir là pour une premiere Leçon.

A la seconde Leçon, après leur avoir fait dire ce que c'est qu'une Voyelle, & leur avoir fait nommer les grandes Voyelles, les Nazales, & les petites Voyelles, il leur fera entendre qu'on appelle *a*, *è*, *eu*, *o*, grandes Voyelles, parcequ'on peut les prononcer de plusieurs manieres ; sçavoir d'un son aigu, *a*, *è*, *eu*, *o* ; & d'un son grave, *â*, *ê*, *eû*, *ô*.

Que *an*, *in* (**), *un* & *on*, se nomment *nazales*, parcequ'elles se prononcent du nez (†).

Enfin, que *é*, *i*, *ou*, *u*, se nomment petites Voyelles, parcequ'elles ne

───────────────

(*) Nous avons déja observé, que *eu* & *ou* ne forment chacun qu'un seul Son simple, & qu'une seule Voyelle, quoique représentées par deux Lettres.

(**) La Voyelle *in*, quoiqu'écrite par un *i*, est la nazale qui répond à l'*e ouvert*. On l'écrit aussi quelquefois par *en* & *ein*, & de plusieurs autres manieres.

La Voyelle *un*, répond à la Voyelle *eu*. Elle n'est écrite par *eun* que dans ce mot *à jeun*.

(†) Dans les Voyelles nazales, *an*, *in*, *un*, *on*, *ou*, *am*, *im*, *um*, *om*, l'*n* ni l'*m* ne se prononcent point : elles sont seulement un signe du Son nazal.

se prononcent que d'un Son toujour foible & aigu.

Si les enfans sont trop jeunes, le Maître ne se mettra pas en peine de leur faire comprendre ces explications mais il se contentera de leur faire prononcer de suite, les quatre grande Voyelles, *a*, *è*, *eu*, *o*, qui se prononcent autrement, *â*, *ê*, *eû*, *ô*; le quatre nazales, *an*, *in*, *un* & *on*; & les quatre petites, *é*, *i*, *ou* & *u*.

Quand ils les sçauront bien par cœur, il les leur montrera sur une Carte, ou dans les Tables du Syllabaire ci-après. Il leur fera ensuite remarquer une demi-Voyelle, qui est l'*e muet*, qui ne se prononce point : aussi doit-il se donner de garde de le prononcer *é* ou *eu*, comme font quelques Maîtres.

Quand les Eleves connoîtront bien leurs Voyelles sur la premiere Table, le Maître les fera passer à la seconde, où sont toutes les différentes manieres de représenter les Voyelles ; & il leur apprendra que toutes ces Combinaisons de Lettres, comme *ai*, *ei*, *oi*, *eu*, *au*, *eau*, &c, ne représentent chacune qu'un Son & qu'une Voyelle : qu'ainsi *et*, *ei*, *ai*, *oi*, doivent se
prononcer

prononcer simplement è ; que *au*, *eau*, doivent se prononcer *o* ; & ainsi des autres. Il leur fera aussi remarquer que l'*e muet* se représente de ces trois manieres, *e*, *es*, *ent*.

CHAPITRE V.
Maniere de faire connoître les Consonnes.

LE Maître aura l'attention de ne faire passer ses Eleves aux Consonnes, que quand ils connoîtront parfaitement toutes les Voyelles, & les différentes manieres de les représenter.

Pour leur faire connoître les Consonnes, il commencera par leur en donner une idée de vive voix, en leur disant & leur fesant répéter, qu'*une Consonne est une nuance de Son, qui ne peut se faire entendre qu'avec une Voyelle*. Il tâchera de le leur faire sentir, en prononçant devant eux quelques Syllabes simples, comme *ba*, *da*, *fé*, *gé*, &c ; & il leur fera remarquer que s'il ne prononçoit pas, *a*, *é*, ou quelque autre Voyelle, on n'entendroit aucun Son, quoiqu'il remuât les lévres ou la langue.

B

Il leur dira ensuite, qu'il y a

1°. Cinq Consonnes qui se prononcent par le mouvement des lévres, & qu'on nomme *Labiales*; ce sont, *me*, *be*, *pe*, *ve*, *fe* (*).

2°. Quatre qui font entendre une espece de sifflement, & qu'on nomme *Sifflantes*; ce sont, *je*, *che*, *ze* & *se*.

3°. Cinq, qui se produisent par les mouvemens de la langue, qui va toucher le palais par le petit bout, & qu'on nomme *Linguales* ou *Palatales*; ce sont, *de*, *te*, *le*, *ne* & *re*.

4°. Deux, qui se prononcent de la gorge ou du gosier, & qu'on nomme *Gutturales*; qui sont, *gue* & *que*.

5°. Enfin deux *mouillées*, ainsi nommées, parceque lorsqu'on les prononce, la salive vient à la bouche; ce sont, *gne* & *ille*, comme dans ces mots, *gagne*, *baille*.

(*) Le Maître prononcera ainsi les Consonnes devant ses Eléves, au moyen de l'*e muet*, ou plutôt avec le Son foible de la Voyelle *eu*, qui est celui qui approche le plus du Son de l'*e muet*, parceque c'est avec le Son de l'*e muet*, quoique non écrit, mais suppléé, qu'on fait entendre les Consonnes à la fin des mots, comme, *Sem*, *Job*, *Cap*, *Gog*, *mal*, qui se prononcent comme s'ils étoient écrits, *Seme*, *Jobe*, *Cape*, *Gogue*, *male*.

Le Maître ne doit pas beaucoup s'inquiéter si les enfans ne comprennent pas d'abord ces mots, *Labiales, Sifflantes*, &c. Il suffit qu'ils retiennent qu'il y a cinq Labiales, *m*, *b*, *p*, *v*, *f* ; quatre Sifflantes, *j*, *ch*, *z*, *s* ; cinq Palatales, *d*, *t*, *l*, *n*, *r* ; deux Gutturales, *g* & *qu* ; & deux Mouillées, *gn* & *ill*. Quand ils feront plus avancés, ils pourront les comprendre.

Mais ces divisions des Consonnes en plusieurs Classes, ont deux avantages. 1°. Elles donnent plus de facilité à les apprendre & à les retenir. 2°. Elles donnent lieu de mieux faire sentir la différence qui se trouve entre les Consonnes d'une même espece, que les enfans & beaucoup d'autres personnes confondent ensemble, & prennent les unes pour les autres.

Quand les Eléves sçauront bien dire toutes les Consonnes de vive voix, le Maître les leur montrera sur une Carte, ou dans le Syllabaire ; & quand ils les connoîtront bien sur cette premiere Table, il leur montrera celle où sont toutes les Manieres de repréfenter les Consonnes. Au bas de cette seconde Table, il leur fera voir la Lettre *h*, qui n'a aucun Son : il leur apprendra qu'elle est quelquefois le signe d'une Aspiration, & que le plus souvent elle ne sert à rien.

Un enfant peut ainsi, en huit ou dix jours au plus, connoître parfaitement toutes les Voyelles, toutes les Consonnes, & toutes les Manieres de les représenter ; & ce, sans gêne & comme en se jouant, pour peu que le Maître lui donne ses Leçons d'un air gracieux. S'il y a plusieurs enfans, ils s'efforceront à l'envi de répéter, les *Grandes* & *Petites* Voyelles ; les *Graves* & les *Nazales* ; les Consonnes *Labiales*, *Sifflantes*, &c.

Cependant, ce qu'il y a de plus difficile à apprendre, est passé. Les Leçons suivantes, que le Maître leur fera lire, ne les embarasseront plus.

Lorsqu'ils connoîtront bien toutes les Consonnes, ils n'auront point de peine à en joindre deux ensemble, & à prononcer, *be-le*, *pe-le* ; mais le Maître leur disant de couler vîte sur la premiere Consonne, ils diront tout d'un coup, *bl*, *pl*, *cl*, *gl*, *br*, *pr*, &c.

Parmi ces Consonnes qui se joignent ensemble, il leur fera remarquer la

Lettre *x*, qui se prononce de deux manieres ; 1°. comme *gue-ze* : 2°. comme *que-se*.

CHAPITRE VI.
Il ne faut point faire épeller. Maniere de faire lire les Syllabes simples.

LE Maître ne fera passer ses Eleves aux Syllabes, que lorsqu'ils connoîtront parfaitement toutes les Voyelles & toutes les Consonnes.

On appelle Syllabe, ce qu'on prononce par une seule émission de voix. Chaque fois donc qu'on pousse ou qu'on fait sortir une voix de la poitrine, on prononce une Syllabe. Ainsi dans ce mot, *animal*, il y a trois Syllabes, *a-ni-mal*, parcequ'on fait sortir trois fois la voix de la poitrine.

Une Voyelle seule forme quelquefois une Syllabe ; comme *a*, qui est la premiere Syllabe du mot *a-nimal* : mais il y a peu de ces sortes de Syllabes.

Une Syllabe est ordinairement un Son articulé, c'est-à-dire, une Voyelle précédée par une Consonne, qui affecte

& modifie cette Voyelle, & qui ajoute une nuance de Son, au Son que cette Voyelle fait entendre. Telle est la Syllabe *ni*, qui est la seconde du mot *a-ni-mal*.

Il y a deux sortes de Syllabes, les Syllabes simples, & les Syllabes composées.

Les Syllabes simples sont celles où l'on ne fait entendre qu'un seul Son, comme dans les deux premieres du mot *a-ni-mal*.

Les Syllabes composées sont celles qui font entendre plusieurs Sons. Nous en parlerons dans le Chapitre suivant.

Pour faire lire celles des Syllabes simples, qui sont formées par une Consonne & une Voyelle, le Maître doit bien se donner de garde de faire épeller, c'est-à-dire, de faire nommer d'abord la Consonne, & ensuite la Voyelle qui les composent.

I. Les Eleves, pour épeller, diront *me a*, *me au*. Mais ils n'iront pas plus loin; parceque *me a* sont deux Sons qui ne peuvent pas donner l'idée du Son unique *ma*, qu'il faut prononcer. Il faudra donc que le Maître leur dise, *ma*; après quoi ils répéteront *ma*, comme un écho. Et que leur apprendra-t-on en leur fesant dire *me a*, *ma*, si-non que *ma*, se prononce *ma* ? Ils l'apprendront bien plus aisément, à la simple vue de ces Lettres *ma*. Cette opération, par laquelle on leur fait dire *me a*, est donc inutile, & ne fait que les surcharger & les embarasser.

II. Cette opération les induit en erreur, en leur fesant croire qu'il y a deux Sons dans *ma*, quoiqu'il n'y en ait qu'un seul. Car les Consonnes ne sont point des Sons ou des voix : elles sont seulement des nuances de Son qui affectent les Voyelles.

III. L'habitude d'épeller, de quelque maniere que ce soit, est très nuisible aux Commençans ; & il est de la plus grande importance de les empêcher de la contracter.

1°. En épellant, on insere dans le Discours une infinité de mots, qui y sont étrangers, qui le coupent, qui parconséquent distraient l'esprit, empêchent qu'on ne sente le rapport des mots les uns avec les autres, & font perdre toute la suite du discours. Aussi voit-on une infinité de personnes lire machinalement, sans comprendre ce qu'elles lisent. Cela vient de ce que s'étant habituées, en épellant, à prononcer des Sons, sans sçavoir ce qu'ils signifioient, elles continuent à lire sans réflexion, par la force de cette habitude, lors même qu'elles n'épellent plus.

2°. Quand on est habitué à épeller, on ne peut connoître le mot qu'on lit, qu'après avoir épellé toutes les Consonnes & toutes les Voyelles qui le composent. Il y a certaines Lettres, ou combinaisons de Lettres, qui représentent plusieurs Sons. Comment celui qui épelle, ne connoissant point encore son mot, & ne sentant pas la liaison de ce mot avec les précédens, pourra-t-il distinguer quel Son il faudra donner à ces Lettres, ou combinaisons de Lettres, qui peuvent se prononcer de plusieurs manieres.

Prenons un exemple. Je suppose que je ne puis lire qu'en épellant. Je rencontre dans un Livre ce mot *convient*, qui peut se prononcer, *convie* & *conviaint*. Lequel des deux Sons donnerai-je à la Syllabe *ent* ? Je ne puis le sçavoir, puisque je ne connois pas encore le mot, & que je ne sens pas le rapport qu'il a avec les mots précédens. Je prononcerai donc au hazard : heureux encore si je ne prononce pas *conviant* ; car cette Syllabe *ent*, présente aussi-bien le Son *ant*, que le Son *aint*, ou que celui de l'*e* muet.

Si au contraire on habitue les Eleves à lire sans épeller, rien n'empêche de leur faire appercevoir la liaison du mot qu'ils lisent avec les mots précédens ; & dès qu'ils verront leur mot, ils le connoîtront, & parconséquent ils sçauront quels Sons il faut donner aux Syllabes qui le composent.

Un Maître doit donc accoutumer ses Eleves à prononcer d'un seul Son les Syllabes simples, à la simple vue des Lettres qui le composent. Il doit leur faire dire tout de suite, *ma*, *met*, *mé*, *meu*, *mo*, &c, en suivant l'ordre selon lequel les Sons se trouvent rangés dans le Syllabaire que nous avons joint à la suite de ce Traité ; ou bien, *ma*, *ba*, *pa*, *va*, *fa*, *pha*, &c, en leur fesant lire une colonne seule de haut en bas. Il est bon de diversifier la maniere de leur faire lire ces Syllabes, les prenant tantôt de gauche à droite, & de droite à gauche ; tantôt de haut en bas, &

de bas en haut, pour éviter qu'ils ne lisent par routine.

CHAPITRE VII.

Maniere de faire lire les Syllabes composées.

ON nomme Syllabes composées, celles qui font entendre plusieurs Sons, soit simples, soit articulés, qu'on prononce d'un seul port ou d'une seule émission de voix.

On distingue trois sortes de Syllabes composées :

1°. Celles où deux Consonnes précedent une Voyelle, comme *bla*, *pla*, *vra*, &c, qui font entendre les Sons *bela*, *pela*, *vera*, qu'on prononce d'une seule émission de voix.

2°. Celles où la Voyelle est suivie d'une Consonne qui se prononce, comme *ab*, *car*, *lac*, *mal*, &c, qu'on prononce *abe*, *care*, *laque*, *male*. Si la Consonne qui suit la Voyelle ne se prononce pas, la Syllabe n'est qu'une Syllabe simple. Ainsi il n'y a qu'une Syllabe simple dans chacun de ces mots, *lait*, *nid*, *loup*, *rang*, parceque ces Consonnes *t*, *d*, *p*, *g*, qui suivent les Voyelles, *ai*, *i*, *ou*, *an*, ne se prononcent point.

3°. Celles où se trouvent de suite deux Voyelles bien distinguées, comme *ia*, *ieu*, *ien*, *oui*, &c. Cette réunion de deux Voyelles distinguées en une seule Syllabe, s'appelle *Diphthongue*. Ordinairement ces deux Voyelles sont jointes à une Consonne qui les précede, comme dans ces mots, *bien*, *lieu*, *rouet*. Quelquefois elles sont encore suivies d'une Consonne, comme dans ces mots, *ciel*, *liard*.

Pour la premiere sorte de Syllabes composées, on peut absolument faire épeller les Eleves, en leur fesant prononcer au moyen de l'*e obscur*, les premieres Consonnes qui ne sont pas suivies d'une Voyelle ; & ensuite prononcer la derniere Consonne avec la Voyelle qui la suit immédiatement. Ainsi, pour les aider à prononcer ces Syllabes, *pla*, *stra*, on peut absolument leur faire dire, *pela*, *setera*, parcequ'en leur disant de couler vîte sur les premieres Consonnes, ils prononceront d'eux-mêmes, *pla* & *stra*.

Mais il leur fera plus avantageux à tous égards, de s'accoutumer à prononcer tout d'un coup ces fortes de Syllabes, fans en épeller les Lettres, & fans les divifer ; quand ce ne feroit que pour leur faire éviter certaines équivoques qui leur feroient prendre des mots pour d'autres.

Il ne leur fera pas difficile de prononcer ainfi d'un feul coup, *bla*, *pla*, *ftra*, &c, fi le Maître a eu foin de leur faire prononcer les Confonnes qui fe joignent ordinairement enfemble, comme *bl*, *pl*, *ftr*, &c, que nous avons mifes dans le Syllabaire, avant les Syllabes compofées. Etant déja habitués à prononcer ces Confonnes en une feule Syllabe avec l'*e obfcur*, ils fçauront bientôt les prononcer avec toutes fortes de Voyelles.

Pour les deux autres efpeces de Syllabes compofées, les Eleves les liront fans la moindre difficulté. A la vue de ces Syllabes, *car*, *mal*, *cœur*, *ciel*, *liard*, ils prononceront tout naturellement, *car*e, *mal*e, *ciel*e, *liar*e ; & le Maître n'aura plus qu'à les avertir de prononcer vite, & d'une feule émiffion de voix.

Le Maître doit éviter d'appeller *Diphthongues*, les deux Voyelles qu'on doit prononcer en une feule Syllabe. Ce mot Diphthongue, que les enfans n'entendroient pas, ne feroit que les embaraffer; & d'ailleurs, s'ils connoiffent bien les Sons fimples, ils n'auront aucune peine à en prononcer deux de fuite, quoiqu'ils ignorent le nom qu'on donne à ces fortes de Syllabes. Il fuffira de le leur apprendre, quand on leur donnera une idée de la Grammaire Françoife.

CHAPITRE VIII.

Expofition de l'ordre qu'on a fuivi dans le Syllabaire.

Nous commençons par expofer les Voyelles, divifées en grandes Voyelles, Voyelles nazales, & petites Voyelles; les grandes Voyelles diftinguées en graves & aiguës. Ces divifions répandent plus de clarté, & donnent aux Eleves plus de facilité à retenir toutes les Voyelles.

Enfuite fe trouvent deux Tables, l'une en Caracteres Romains, l'autre en Caracteres Italiques, qui contiennent les différentes Manieres dont les Voyelles se représentent. Il est à propos d'accoutumer les enfans à ces deux sortes de Caracteres. Combien ne voit-on pas de personnes qui, quoiqu'elles lisent facilement les Caracteres Romains, ne peuvent lire qu'avec peine les Caracteres Italiques, parcequ'on ne les y a pas habituées tout d'abord ?

Nous avons suivi le même ordre dans l'exposition des Consonnes. Nous les avons distribuées en cinq Classes ; sçavoir, en Labiales, Sifflantes, Palatales, Gutturales & Mouillées.

Au bas de la seconde Table, qui contient les différentes Manieres de représenter les Consonnes, nous avons mis la Lettre *x*, qui vaut deux Consonnes, & se prononce de deux manieres ; & la Lettre *h*, qui ne marque qu'une Aspiration forte, & qui le plus souvent ne sert à rien.

Viennent ensuite toutes les Syllabes simples, c'est-à-dire, celles qui n'ont qu'un seul Son. Elles sont rangées en douze colonnes, dont les quatre premieres sont pour les grandes Voyelles.

Les quatre suivantes contiennent les Syllabes où l'on prononce les quatre Voyelles que nous avons appellées *petites*, par opposition aux grandes. Enfin les quatre dernieres colonnes renferment toutes les Syllabes formées par les Voyelles nazales.

Si l'on commence à prononcer une Voyelle d'un Son aigu, & que l'on pousse la voix de plus fort en plus fort, cette Voyelle deviendra de plus en plus grave. Ainsi les Voyelles graves sont de la même nature que les Voyelles aiguës. C'est pourquoi nous avons cru devoir les mêler ensemble dans chaque colonne.

Il a été naturel d'en user de même par rapport aux différentes manieres de représenter chaque Voyelle, afin que les Eleves s'accoutument à reconnoître chaque Son, de quelque maniere qu'ils le puissent voir représenté, lorsqu'on leur mettra les Livres entre les mains.

Pour donner aux Eleves la facilité de prononcer tout d'un coup & sans épeller, les Syllabes qui commencent par plusieurs Consonnes, nous leur mettons d'abord sous les ieux les

Confonnes qui fe joignent ordinairement enfemble : & au-deffous nous plaçons les Syllabes qui commencent par ces Confonnes, en les rangeant par colonnes dans le même ordre que les Syllabes fimples.

Comme la demi Voyelle, qu'on nomme *e muet*, ne fe prononce point, & qu'on ne peut en faire entendre le fon foible que lorfqu'elle eft précédée d'une autre Syllabe ; pour la faire connoître aux Eleves, nous donnons une lifte de mots entiers, terminés par l'*e muet* repréfenté de différentes manieres. Les mots que nous avons choifis, ont prefque tous un *e ouvert* à la Syllabe qui précede l'*e muet*, afin que les Eleves apprennent à bien diftinguer cette forte d'*e ouvert*, que nous n'avons pas pu placer dans la colonne des *e ouverts*.

Suivent enfuite les différentes prononciations de la Voyelle *ent*, pour habituer les Eleves à ne s'y pas méprendre. Ces exemples ferviront à faire obferver, que fouvent c'eft le fens des mots qui détermine la maniere dont il faut les prononcer.

Comme *oi* fe prononce fouvent avec le Son de l'*o*, & celui de l'*e ouvert*, foit aigu,

aigu, soit grave, ou même de l'*o*, nous donnons des exemples de ces trois différentes manieres de prononcer cette combinaison de Lettres. Il faudra leur faire remarquer que ces mêmes Lettres *oi*, ne représentent très souvent qu'un *e ouvert*, comme dans ces mots, *il étoit, j'étois.*

L'*i mouillé* a un Son différent de l'*i* simple. Pour faire sentir cette différence, nous donnons quelques mots où cet *i mouillé* se rencontre.

Nous passons ensuite à l'*y* grec. Comme il vaut ordinairement deux *ii*, dont le premier fait partie de la Voyelle précédente, & le second est le plus souvent un *i* mouillé, nous présentons sur une colonne quelques mots où se trouve cet *y* ; & sur une autre ces mêmes mots, écrits par deux *ii* séparés, afin de mieux faire voir comment l'*y* doit se prononcer dans ces sortes d'occasions.

Afin d'apprendre aux Commençans quand il ne faut pas prononcer les Consonnes qui terminent les Syllabes, ou quand on doit les prononcer, nous partageons ces Consonnes finales en deux Classes. La premiere contient les Consonnes finales qui ne se prononcent

C

point ordinairement ; & vis-à-vis nous mettons le petit nombre de mots où ces mêmes Consonnes se prononcent.

La seconde Classe présente les Consonnes finales qui se prononcent presque toujours ; & vis-à-vis on verra quelques mots où elles ne se prononcent point.

Nous remarquons ensuite quelques-uns des mots où la Syllabe *ti* se prononce *si*.

Quand les Eleves seront affermis dans la Lecture, on leur montrera les Manieres rares & extraordinaires dont quelques Voyelles & quelques Consonnes se représentent.

Enfin, comme il est nécessaire de connoître l'ordre Alphabétique, & les noms qu'on donne aux Lettres, nous terminons ce Syllabaire par l'Alphabet rangé à l'ordinaire. Les noms des Lettres sont placés sous chacune d'elles, afin que les Eleves puissent les apprendre par cœur : ensuite de quoi il sera bon de les exercer à chercher des mots dans un Dictionnaire.

SYLLABAIRE.

VOYELLES.

QUATRE GRANDES VOYELLES, QUI SONT

ou *aiguës.*

a.   è ouvert. *   eu.   o.

ou *graves.*

â.   ê.   eû.   ô.

Quatre Nazales.

an.   in.   un.   on.

Quatre petites Voyelles.

é fermé.   i.   ou.   u.

Et une demi-Voyelle.

e muet. **

---

* Il faut faire prononcer l'*e ouvert*, comme les deux *e* du mot *effet*, ou comme *ai* du mot *balai*.

** On doit se contenter de montrer l'*e muet* aux Eleves, sans leur faire rien prononcer

C ij

Différentes manieres de repréſenter les Voyelles.

Voyelles aigües.

A. a.
Ê *ouvert.* è. et. ai. oi. ei.
EU. eu. œu. e *obſcur.*
O. o. au. eau.

Voyelles graves.

A^. â. as.
E^. { è. ès. ais. ois. aix.
{ ê. eſt. aî. oî. aient. oient.
EU^. eû. eux.
O^. ô. os. aux. eaux.

Voyelles nazales.

AN. an. am. en. em.
IN. in. im. ain. aim. em. en.
UN. un. um.
ON. on. om.

Petites Voyelles.

É *fermé.* é. ez. er. ai. &.
I. i. y.
OU. ou.
U. u. eu.

Demi-Voyelle.

E *muet.* e. es. ent.

Y. y. *ſe met ſouvent pour deux* ii.

Différentes Manieres de représenter les Voyelles.

Voyelles aigües.

A.   a.
È ouvert. è. et. ai. oi. ei.
EU. eu. œu. e obscur.
O. o. au. eau.

Voyelles graves.

Â. â. as.
Ê. { è. ès. ais. ois. aix.
    { ê. est. aî. oî. aient. oient.
EÛ. eû. eux.
Ô. ô. os. aux. eaux.

Voyelles nazales.

AN. an. am. en. em.
IN. in. im. ain. aim. em. en.
UN. un. um.
ON. on. om.

Petites Voyelles.

É fermé. é. ez. er. ai. &.
I. i. y.
OU. ou.
U. u. eu.

Demi-Voyelle.

E muet. e. es. ent.

Y. y. se met souvent pour deux ii.

C iij

CONSONNES.

Cinq Labiales.   m. b. p. v. f.
Quatre Sifflantes.   j. ch. z. ſ.
Cinq Palatales.   d. t. l. n. r.
Deux Gutturales.   g. qu.
Deux Mouillées.   gn. ill.

Différentes manieres de repréſenter les Conſonnes.

Cinq Labiales.

1. M. m. mm.
2. B. bb.   3. P. p. pp.
4. V. v.   5. F. f. ff. PH. ph.

Quatre Sifflantes.

1. { J. j.
     G. g. *devant e & i.*   2. CH. ch.

3. { Z. z.
     ſ. *entre deux Voyelles.*   4. { S. ſ. ff. ç.
                                      C. c. *devant e & i.*

Cinq Palatales.

1. D. d. dd.   2. T. t. tt.
3. L. l. ll.   4. N. n. nn.
5. R. r. rr.

Deux Gutturales.

1. G. g. GU. gu.   2. Qu. qu. C. c. cc.

Deux Mouillées.

1. GN. gn.   2. ILL. ill. IL. il.

CONSONNES.

La Lettre suivante vaut deux Consonnes, & se prononce de deux manieres.

1. X. x. prononcé gz.   2. X. x. prononce cs.

La Lettre suivante n'est qu'un signe d'aspiration. Le plus souvent elle ne sert à rien.

  H. h.   H. h.

Différentes manieres de représenter les Consonnes.

Cinq Labiales.

1. M. m. mm.

2. B. bb. 3. P. P. pp.

4. V. v. 5. F. f. ff. PH. ph.

Quatre Sifflantes.

1. { J. j.   2. CH. ch.
 { G. g. devant e & i.

3. { Z. z.   4. { S. s. ss. ç.
 { s. entre deux Voyelles. { C. c. devant e & i.

Cinq Palatales.

1. D. d. dd. 2. T. t. tt.

3. L. l. ll. 4. N. n. nn.

5. R. r. rr.

Deux Gutturales.

1. G. g. GU. gu. 2. Qu. qu. C. c. cc.

Deux Mouillées.

1. GN. gn. 2. ILL. ill. IL. il.

C iv

SYLLABES SIMPLES.

a.	et.	eu.	o.	é.	i.
ha.	hê.	heu.	hô.	hé.	hi.
ma.	mets.	mœu.	mau.	mai.	mis.
bât.	bê.	bœufs.	beaux.	ber.	bi.
pâ.	pei.	peu.	pos.	pez.	pi.
vas.	vais.	vœux.	vô.	vé.	vi.
fa.	faî.	feux.	fo.	fez	fix.
pha.	phois.	....	pho.	pher.	phi
ja.	jet.	jeû.	j'au.	j'ai.	j'i.
gea.	geoit.	geu.	geau.	gez.	gis.
cha.	chaî.	cheu.	chaux.	cher.	chi.
za.	zoient.	zeu.	zeau.	zé.	zi.
ſa.	ſoient.	ſeu.	ſeau.	ſai.	ſie.
ças.	cès.	ceux.	ceaux.	cez.	ci.
ſas.	ſei.	ſœu.	ſo.	ſer.	ſy.
da.	doient.	de.	dos.	dé.	dis.
tâ.	toît.	teux.	tau.	tai.	ti.
las.	lai.	le.	leau.	lez.	lits.
na.	noî.	nœuds.	nô.	nez.	nid.
ra.	rei.	reux.	rôt.	ré.	ris.
gâ.	gaî.	....	go.	....	.....
guas.	guoit.	gueux.	guo.	guez.	gui
ca.	cai.	....	cô.	....	.....
qua.	quai.	queu.	qu'au.	quer.	qui
gna.	gnois.	gneu.	gno.	gnâi	gnis.
illas.	illoit.	illeu.	illo.	illez.	illi.

SYLLABES SIMPLES.

ou.	u.	an.	in.	un.	on.
houx.	hu.	han.	hin.	hum.	hon.
mou.	mu.	mem.	main.	mun.	mon.
bou.	bus.	bant.	bain.	bun.	bom.
pou.	pu.	pam.	pein.	....	pom.
vous.	vu.	vent.	vin.	....	von.
⎧ fous.	fu.	fan.	faim.	fum.	fon. ⎫
⎩	....	phan.	phin.	....	phon. ⎭
⎧ jou.	jus.	jean.	j'in.	jeun.	jon. ⎫
⎩	....	gens.	gin.	....	geon. ⎭
chou.	chu.	cham.	chain.	....	chon.
⎧ zou.	....	....	zin.	zun.	zon. ⎫
⎪ ſou.	ſu.	ſant.	ſin.	ſun.	ſon. ⎪
⎨	....	cent.	cein.	....	çon. ⎬
⎩ ſous.	ſu.	ſem.	ſym.	....	ſon. ⎭
doux.	du.	dent.	daim.	dun.	don.
toux.	tu.	temps.	tim.	tun.	tom.
lou.	lus.	lam.	lain.	lun.	lon.
nous.	nu.	nant.	nym.	....	non.
rou.	ru.	rang.	rin.	....	ron.
⎧ goût.	gu.	gant.	gain.	....	gon. ⎫
⎩	....	guant.	guim.	....	guon. ⎭
⎧ cou.	cu.	camp.	cain.	cun.	con. ⎫
⎩ qu'ou.	qu'u.	quand.	quint.	quun.	quon. ⎭
....	....	gnant.	gnin.	....	gnon.
....	....	illant.	....	....	illons.

Confonnes qui fe joignent enfemble.

bl. pl. fl. gl. cl. br. pr. vr. fr. phr.
dr. tr. gr. cr. chr. ct. ctr. fp. fqu. pf.
fc. fcr. ft. ftr.

SYLLABES COMPOSÉES.

bla.	blê.	bleu.	blo.	blé.	bli.
pla.	plai.	pleu.	plau.	plai.	plis.
fla.	floient.	fleu.	flots.	flez.	fli.
gla.	glais.	gleu.	glo.	gler.	gli.
cla.	clois.	cleu.	clos.	clé.	cli.
bra.	brê.	breux.	bro.	brez.	bris.
pra.	prois.	preu.	pro.	prai.	prix.
vra.	vrai.	vreu.	vreaux.	vrez.	vris.
phra.	fret.	freu.	fro.	frer.	fri.
dra.	dret.	dreux.	drô.	dré.	dri.
tra.	traî.	treu.	treau.	trez.	tri.
gra.	grès.	greu.	gros.	gré.	gris.
cra.	chrê.	creux.	creaux.	chré.	chry.
cta.	ctoit.	cteu.	cto.	cter.	cti.
fpa.	fpoient.	....	fpo.	fpé.	fpi.
fca.	fquoit.	....	fco.	fqué.	fqui.
fta.	ftoient.	....	fto.	ftai.	fti.
ftra.	ftrois.	....	ftro.	ftré.	ftri.

ctri. fpla. fplen. fcri. fcro. fcru.

X *prononcé* cs , *vexa* , *il fixoit* , *taxé* , *Alexis* , *fixant* , *le Vexin* , *taxons*.

X *prononcé* gz , *Xavier* , *examen* , *exil* , *exode* , *exemple*.

SYLLABES COMPOSÉES.

blou.	blu.	blanc.	blin.	....	blon.
plou.	plu.	plan.	plein.	....	plom.
flou.	flu.	flam.	flin.	....	flon.
glou.	glu.	glan.	glin.	....	glon.
cloux.	clu.	clan.	clin.	....	clons.
brou.	bru.	bran.	brin.	brun.	bron.
prou.	pru.	pren.	prin.	prun.	prom.
....	....	vran.	vrain.	....	vron.
frou.	fru.	fram.	frein.	....	fron.
drou.	dru.	dran.	drin.	....	dron.
trou.	tru.	trem.	train.	....	trom.
grou.	gru.	gran.	grain.	....	gron.
crou.	cru.	cran.	craint.	....	cron.
....	ctu.	ctant.	ctin.	....	cton.
fpou.	....	fpant.	fpin.	....	fpon.
....	fcu.	fcan.	fquin.	....	fquon.
....	ftu.	ftan.	ftin.	....	ftons.
....	ftru.	ftrant.	ftrin.	....	ftrons.

pfa. pfeau. pta. pti. pto.

Mots terminés par un e muet.

J'agrée.	les breches.	ils menent.
il seme.	tu peses.	ils serrent.
Eusebe.	des pieces.	ils leguent.
un crêpe.	tu dresses.	ils piquent.
il leve.	tu cedes.	ils regnent.
il greffe.	tu jetes.	ils veillent.
la neige.	tu celes.	ils payent.
la Bible.	les levres.	ils souffrent.
objecte.	les peuples.	ils reglent.
du trefle.	des cedres.	ils vexent.
la lepre.	des Negres.	ils restent.
terrestre.	des spectres.	ils pénetrent.

ent *prononcé de trois manieres.*

1°. Comme l'e muet.	2°. Comme an.
ils châtient	un patient.
ils couvent.	un couvent.
ils négligent.	un négligent.
ils présidtent.	un Président.
ils excellent.	il est excellent.
ils content.	il est content.
ils different.	un différent.
ils se parent.	il m'est parent.

3°. *Comme* ain.

| il tient. | il contient. | il détient. |
| il vient. | il convient. | il devient. |

Syllabaire.

Oi *prononcé* oet, oès & oâ.

1°. oet.	2°. oès.	3°. oas.
à moi.	chamois.	un mois.
il boit.	les lois.	du bois.
envoi.	ils envoient.	des pois.
la foi.	une fois.	un poids.
le doigt.	les doigts.	trois.
pour toi.	les toits.	noix.
le roi.	les rois.	....
emploi.	ils emploient.	....
il croit.	des croix.	....
le froid.	les froids.	....

ï Mouillé.

Aïeul.	païen.	faïance.
caïer.	du glaïeul.	camaïeu.

Y *pour deux* ii,

dont le premier fait partie de la Syllabe précédente, & le second eſt un i mouillé.

il paye.		il paï-ie.
il a eſſayé.	*Prononcez*	il a eſſaï-ié.
un moyen.		un moï-ien.
nous employons.		nous emploï-ions.
il eſt ennuyeux.		il eſt ennuï-ieux.
un fuyard.		un fuï-iard.

I. Consonnes qui ne se prononcent point ordinairement à la fin des Syllabes.

m. Cette Lettre à la fin des Syllabes n'est ordinairement que le signe d'un Son nazal ; exemples : cham*bre*, mem*bre*, tim*bre*, om*bre*.

p. *Drap, sept, trop, coup, loup, camp, compte, prompt, promptement, exempt.*

z, après l'e fermé. *Allez, lisez, donnez.*

s. Cette Lettre ne sert ordinairement qu'à rendre longues les Syllabes qu'elle termine ; exemples : *Appas, des palais, effets, des lits, le repos, les vertus.*

d. *Laid, froid, chaud, muid, nid, nud, pié`d`, sourd, verd, le fond.*

t. *Il bat, un mât, effet, il veut, il lit, un mot, le gout, il but, tant, ouvert.*

n. Cette Lettre à la fin des Syllabes, n'est ordinairement que le signe d'un Son nazal ; exemples : *plan, lien, houblon.*

g. *Le rang, un lègs, vingt, long, faux-bourg.*

x. Cette Lettre ne sert ordinairement qu'à rendre longues les Syllabes qu'elle termine ; ex. *la paix, je veux, le prix, des chevaux, les genoux.*

st. Le très saint **Nom de *Jesus-Christ*,** *c'est, il est.*

Mots où ces mêmes Consonnes se prononcent à la fin des Syllabes. *

m. Abraham, Salem, Sélim, Amnon, Amram.

p. Un cap, du jalap, la Ville d'Alep, la Ville de Gap.

z, après l'e ouvert. Rhodez, Senez, Suarez, Vasquez.

s. Un as, Pallas, Cerès, Amos, Antiochus, l'iris, une vis, Baptismal, près.

d. Gad, Jared, David, le vent du Sud, addition, reddition.

t. La dot, un fat, brut, échec & mat, Zenith, Aleth, Judith.

n. Amen, l'Hymen, l'Abdomen, ennemi, inné, innover.

g. Agag, Doëg, Gog, Aggée, suggérer, suggestion.

x prononcé cs. Ajax, du borax, Alix, Felix, Stix, préfix, Pollux, le larinx, la sphinx, un linx, &c.

st. Le Christ, un zest, les vents d'Est & d'Ouest, la Ville de Brest.

* La plupart de ces mots sont des noms propres.

II. *Consonnes qui se prononcent presque toujours à la fin des Syllabes.*

b. Joab, Caleb, Job, absent, Hebdomadaire, obtenir, subvenir.

f. Chef, fief, un if, rétif. ph. Asaph, Joseph, Asoph.

l. Mal, bel, poil, seul, fil, parasol, calcul, capitoul.

r. Car, l'air, l'Auteur, du noir, desir, or, amour, pur, & quelques mots en er, comme ver, fer, mer, cher, fier, hier, hyver, cancer, Esther, Jupiter, &c.

c. Sac, avec, échec, laïc, trafic, estoc, caduc, saint Marc, accès, Occident, succès.

il, Consonne mouillée. Mail, vermeil, cerfeuil, fenouil, Avril, péril, gentil-homme.

Ti *prononcé* ci.

Martial.	Domitien.
partial.	Mutien.
patient.	ambitieux.
inertie.	factieux.
Dalmatie.	injection.
initier.	portion.
balbutier.	exception.

Mots

Mots où ces mêmes Consonnes ne se prononcent pas à la fin des Syllabes.

b. *Du plomb.*

f. *Cléf, chef-d'œuvre, bœuf, œuf, neuf louis, un habit neuf.*

l. *Baril, chenil, coutil, fusil, gentil, sourcil, un fils, le pouls, il est saoul.*

er, à la fin des mots, n'est ordinairement qu'un é fermé; partout ailleurs il se prononce ere; exemples : *herser, berger, percer, fermer, chercher, dernier.*

c. *Tabac, estomac, almanach, cotignac; arsenic, croc, broc, banc, blanc, flanc, franc, jonc, tronc, clerc; porc frais, échecs, un marc, arc-boutant, arctique, contract, respect, aspect, instinct.*

Manieres rares de repréfenter plufieurs Voyelles.

am *pour* a.

condamner. } Prononcez { condaner.
damnation. } { danation.

ai *pour* a.

douairiere.   douariere.

em *pour* a.

femme.   fame.
solemnel.   folanel.
prudemment.   prudament.

& ainfi dans tous les Adverbes en *emm*ent.

ueil *pour* euil.

accueil.   ackeuil.
écueil.   ekeuil.
orgueil.   orgueuil.

œil *pour* euil.

l'œil.   l'euil.
œillet.   euillet.

ui *pour* i.

vuide.   vide.

ao *pour* o.

la Saône.   la Sône.

um *pour* ome.

de l'opium.   de l'opiome.

Aou *pour* ou.

1ᵉ mots d'Aout.   d'Out.
se faouler.   se fouler.

Syllabaire.

ol *pour* ou.

*un f*ol. prononcez *un f*ou.

aen *pour* an.

la Ville de Caen. Can.

aon *pour* on.

la Ville de Laon. Lan.
*un p*aon. *p*an.
*un f*aon *de biché*. *f*an.

eim *pour* in.

la Ville de Rheims. Rinfe.

aon *pour* on.

*un t*aon, ton.
efpece de mouche

um *pour* on.

Humbert. Hombert.
factum. faction.

un *pour* on.

Dunkerque. Donkerque.
& ainfi dans quantité de mots étrangers.

qu *pour* cu.

équeftre. écueftre.
quefteur, cuefteur.

qua *pour* coua.

qua*drature*. coua*drature*.
équa*teur*. écoua*teur*.
équa*tion*. écoua*tion*.

D ij

Manieres rares de représenter plusieurs Consonnes.

W pour V.

Westphalie. ⎫   ⎧ Vestphalie.
Winchester. ⎭ Prononcez ⎩ Vinchester.

& ainsi dans quantité de mots étrangers.

sch pour ch.

schisme.   chisme.

x pour z.

dixieme.   dizieme.

x pour ss.

soixante.   soissante.
Auxerre.   Ausserre.

c pour g.

second.   segond.
Claude.   Glaude.

gh pour gue.

Berghen.   Berguen.
le Ghilan.   le Guilan.

K pour qu.

le Fort de Kell.   Quel.
la Ville de Kendal.   Quendal.

& ainsi dans quantité de mots étrangers.

ch pour qu.

chaos.   quaos.
archange.   arquange.

Syllabaire.

lh *pour* ill mouillé.

Pardalhac. } Prononcez { Pardaillac.
Milhaut.   }   { Millaut.

ll *pour* ill mouillé.

Sulli.   Suilli.
Nulli.   Nuilli.

gn *prononcé* gue-ne.

Gnostique.   guenostique.
Gnomonique.   guenomonique.

ALPHABET

où les Lettres sont rangées dans l'ordre ordinaire, avec les noms qu'on donne à ces Lettres.

A.	B.	C.	D.	E.
a	bé	cé	dé	e
F.	G.	H.	I.	J.
effe	gé	hache	i	
K.	L.	M.	N.	O.
ka	elle	emme	enne	o
P.	Q.	R.	S.	T.
pé	qu	erre	esse	té
U.	V.	X.	Y.	Z.
u		ixe	y grec	zede

EXPLICATION

de quelques Signes qui se trouvent dans les Livres.

La *Virgule* [,] marque qu'il faut faire une petite pause, pour reprendre haleine, & pour donner plus de clarté au discours.

Le *Point-Virgule* [;] Il faut s'arrêter un peu plus à cette figure.

Les *deux Points* [:] demandent une pause un peu plus considérable que le Point-Virgule.

Le *Point* [.] marque que la Phrase est finie. Il faut s'y arrêter.

Le *Point d'Interrogation* [?] se met après une interrogation ou demande.

Le *Point d'Admiration* [!] se met après une exclamation ; exemple : *Ah ! Qu'il est sçavant !*

Le *Trait d'union* ou *de division* [-] sert à unir ensemble deux mots, comme, *ceux ci, eux-mêmes, donne-t-il.* Il marque encore que le mot n'est pas fini, à la fin de la ligne, & que l'autre partie de ce mot se trouve à la ligne suivante.

Aï, aü. Ces deux points fur une Lettre, marquent qu'il en faut faire une Syllabe féparée de la Voyelle précédente; exemples: *Laïc*, *Saül*.

Les *Points d'omiffion* [.....] fervent à marquer qu'il y a quelque chofe d'omis entre ce qui précéde & ce qui fuit. Ils marquent encore que dans un difcours vif & paffionné, la Phrafe n'eft pas achevée.

L'*Apoftrophe* ou *élifion* ['] eft une efpece de petite Virgule qu'on met au haut d'une Lettre, pour marquer qu'il manque un *a*, ou un *e*, ou un *i*, qui fe trouve mangé par la Voyelle fuivante; exemples: l'*humilité*, *l'homme*, *s'il*, pour *la humilité*, *le homme*, *fi il*.

L'*Apoftille* ou *Guillemet* [»] fe met au commencement de chaque ligne d'une ou de plufieurs Phrafes qui ne font pas de l'Auteur du Livre.

Ces figures ( ) [ ] fervent à renfermer un petit nombre de paroles qui interrompent le fens du difcours, mais qu'on croit néceffaires pour fe faire entendre. Il faut prononcer ces paroles d'un ton plus bas que le refte du difcours.

D iv

DE LA LECTURE
DU LATIN.

Quand on sçait bien lire le François, on peut lire le Latin sans difficulté. Cependant il est nécessaire de faire remarquer quelques différences qui se trouvent entre la prononciation Latine & la Françoise. Elles se réduisent à celles-ci.

I. *Ai*, *ei*, *oi*, *ou*, se prononcent toujours en deux Voyelles distinguées, dont chacune garde le Son qui lui est propre. *Danai*, *fidei*, *introitus*, *prout*, se prononcent, *Dana-i*, *fide-i*, *intro-i-tus*, *pro-ut*.

II. *Au* se prononce comme *ô* ; exemples : *Laus*, *laudate*, *autor* : lisez, *Lôs*, *lôdate*, *ôtor*.

Il faut excepter quelques noms propres, comme *Nicolaus*, *Danaus*, où l'*a* & l'*u* se prononcent séparément, *Nicola-us*, *Dana-us*.

III. *Eu* se prononce comme notre Voyelle *eu*, dans ces Monosyllabes, *heu*, *ceu* & *seu*, & au commencement des mots, comme, *euge*, E*urus*, Eu*chariſtia*.

Mais au milieu des mots, on prononce l'*e* & l'*u* féparément, *Deus*, *aureum*, fe prononcent *De-us*, *aure-um*.

IV. Æ & œ, & tous les *e* qui terminent les Syllabes, fe prononcent comme notre *é* fermé : *pœnæ*, *pene*, prononcez, *péné*.

V. Les Syllabes *an*, *am* ; *en*, *em* ; *in*, *im* ; *on*, *om* ; *un*, *um*, fe prononcent d'un Son nazal au commencement & au milieu des mots, & même à la fin des mots, lorfqu'elles font fuivies d'une Confonne.

1°. *An*, *am*, fe prononcent comme notre Voyelle *an*, A*n*gelus, voca*n*tis, *am*ant ; am*plius*.

2°. *En* & *em* ; *in* & *im*, fe prononcent comme *ein* ou *in*, en François ; e*n*fis, doce*n*tes, lege*n*s ; *t*empus ; in*f*ra, reli*n*quit, dixer*i*nt ; im*petus*.

3°. *On* & *om* ; *un* & *um*, fe prononcent comme notre Voyelle *on*, *montis*, *fons*, *compos*, pro*m*ptus ; u*n*da, fu*giunt*, um*bræ*.

Dans quelques mots, comme *hunc*, *tunc*, *cuncti*, *un* fe prononce comme *un* en François.

Mais lorsque ces Syllabes terminent le mot, ou lorsqu'elles sont suivies d'une *n* ou d'une *m*, l'*a*, l'*e*, l'*i* & l'*o*, gardent leur Son naturel ; & on fait sonner, au moyen d'un *e* muet, la Consonne *n* ou *m*, qui les suit ; exemples : *Titan*, *annus*, *musam*, *flamma*, *amnis*, *lumen*, *bipennis*, *partem*, *solemne*, *dein*, *innixus*, *hymnus*, *immotus*, *Damon*, *connexus*, *omnis*, *committo*, se prononcent *Titan_e*, *am_enis*, *musam^e*, *flam_ema*, *am_enis*, &c.

Um final se prononce *ome*, *domum*, *piorum*, se prononcent *domome*, *piorome*.

VI. Toutes les Consonnes qui ne sont point suivies d'une Voyelle, se prononcent au moyen d'un *e* muet suppléé ; exemples : *fons*, *dicunt*, *Psalmus*, *mna*, *promptus*, *emptor*, &c, qui se prononcent, *fons^e*, *dicunt_e*, *Pesalemus^e*, *m^ena*, *perompetus^e*, *emp_etore*. Il faut excepter les Consonnes *n* & *m*, lorsqu'elles ne sont que des signes du Son nazal.

VII. *Ch* se prononce toujours comme le *k*. *Charitas*, *Chorus*, *Anchises*, se prononcent *Karitas*, *Korus*, *Ankises*.

VIII. *Gn*, se prononce *gue-ne*, en deux Consonnes distinguées, comme dans ces mots françois, *gnostique*, *gnomonique* ; exemples : *magna*, *igue*, *agni*, *ignorans*, *pignus*, se prononcent, *maguena*, *iguene*, *agueni*, &c.

IX. Les Syllabes, *qua*, *quæ*, *qui*, *quo*, *quu*, se prononcent comme si elles étoient écrites, *koua*, *kue*, *kui*, *ko*, *ku*. Quare, quercus, quilibet, quotannis, equus ; prononcez, Kou*are*, ku*ercus*, kui*libet*, ko*tannis*, *ekus*.

X. *Ti*, suivi d'une Voyelle, se prononce comme en François, *ci*. Gra*tia*, ac*tio*, pruden*tiæ*, Ac*tium* ; prononcez, gra*cia*, ac*cio*, pruden*ciæ*, Ac*cium*.

Par rapport aux Accens qu'on met sur les mots Latins, il suffit que les Maîtres fassent observer à leurs Eleves, que l'Accent aigu placé sur l'anté-pénultiéme (*a*) ou sur l'avant-derniere Syllabe des mots Latins, comme on le voit sur ces mots, *Dóminus*, *múnere*, *dixérunt*, *restábat*, est destiné à marquer qu'il faut appuyer davantage sur ces Syllabes que sur les autres ; & que

(*a*) L'anté-pénultieme Syllabe d'un mot, est celle qui précede les deux dernieres.

dans les mots de deux Syllabes, l'Accent est toujours mis, ou du moins supposé, sur la premiere. Mais il faut bien se donner de garde de leur faire prononcer ces Syllabes trop lõngues. Ce seroit une égale faute de ne s'y pas arrêter assez, ou de s'y arrêter trop long-temps.

TABLE DES CHAPITRES.

CHAPITRE I. *L'Alphabet est insuffisant pour faire connoître les Sons de la Langue Françoise.* Page 3

CHAP. II. *Il ne faut pas se servir des Noms des Lettres.* 7

CHAP. III. *Idée générale des Sons qui forment le Langage.* 12

CHAP. IV. *Maniere de faire connoître les Voyelles aux Commençans.* 14

CHAP. V. *Maniere de faire connoître les Consonnes.* 17

CHAP. VI. *Il ne faut point faire épeller. Maniere de faire lire les Syllabes simples.* 21

CHAP. VII. *Maniere de faire lire les Syllabes composées.* 26

CHAP. VIII. *Exposition de l'ordre qu'on a suivi dans le Syllabaire.* 29

SYLLABAIRE. 35

ALPHABET. 53

Explication de quelques Signes qui se trouvent dans les Livres. 54

De la Lecture du Latin. 56

Fin de la Table.

APPROBATION.

J'AI lu, par ordre de Monseigneur le Chancelier, un Manuscrit qui a pour titre : *Traité des Sons de la Langue Françoise*, &c ; & je n'y ai rien trouvé qui puisse en empêcher l'impression. Fait à Paris, ce 24 Mai 1760.

NICOLLE DE LA CROIX.

PRIVILEGE DU ROI.

LOUIS PAR LA GRACE DE DIEU, ROI DE FRANCE ET DE NAVARRE : A nos amés & féaux Conseillers les Gens tenans nos Cours de Parlement, Maîtres des Requêtes ordinaires de notre Hôtel, Grand Conseil, Prévôt de Paris, Baillifs, Sénéchaux, leurs Lieutenans Civils & autres nos Justiciers qu'il appartiendra : SALUT. Notre amé JEAN-THOMAS HÉRISSANT, Libraire à Paris, Nous a fait exposer qu'il desireroit faire imprimer & donner au Public, un Ouvrage qui a pour titre : *Traité des Sons de la Langue Françoise, & des Caracteres qui les représentent* ; s'il Nous plaisoit lui accorder nos Lettres de Permission pour ce nécessaires. A CES CAUSES, voulant favorablement traiter l'Exposant, Nous lui avons permis & permettons par ces Présentes, de faire imprimer ledit Ouvrage, autant de fois que bon lui semblera, & de le vendre, faire vendre & débiter par tout notre Royaume, pendant le temps de trois années consécutives, à compter du jour de la date des Présentes : Faisons défenses à tous Imprimeurs - Libraires, & autres personnes de quelque qualité & condition qu'elles soient, d'en introduire d'impressions étrangéres dans aucun lieu de notre obéissance : A la charge que ces Présentes seront enregistrées tout au long sur le registre de la Communauté des Imprimeurs & Libraires de Paris, dans trois mois de la date d'icelles ; que l'impression dudit Ouvrage sera faite dans notre Royaume, & non ailleurs, en bon papier & beaux caractéres, conformément à la feuille imprimée attachée pour modéle sous le contrescel des Présentes ; que l'Impétrant se conformera en tout aux Réglemens de la Librairie, & notamment à celui du 10 Avril 1725. Qu'avant de l'exposer en vente, le Manuscrit qui aura servi de Copie à l'impression dudit Ouvrage, sera remis dans le même état où l'Approbation y aura été donnée ès mains de notre très - cher & féal Chevalier, Chancelier de France, le sieur DE LAMOIGNON ; & qu'il en sera ensuite remis deux Exemplaires dans notre Bibliothéque publique, un dans celle de notre Château du Louvre, & un dans celle de notre très-cher & féal Chevalier, Chancelier de France, le sieur DE LAMOIGNON ; le tout à peine de nullité des Présentes. Du contenu desquelles vous mandons & enjoignons de faire jouir ledit Exposant & ses Ayans causes, pleinement & paisiblement, sans souffrir qu'il leur soit fait aucun trouble ou empêchement. Voulons que la copie des Présentes qui fera imprimée tout au long au commencement ou à la fin dudit Ouvrage, foi foit ajoutée comme à l'Original. Commandons au premier notre Huissier ou Sergent fur ce requis, de faire, pour l'exécution d'icelles, tous Actes requis & nécessaires, sans demander autre permission, & nonobstant clameur de Haro, Charte Normande, & Lettres à ce contraires. Car tel est notre plaisir. DONNÉ à Choisi le treisiéme jour du mois d'Août l'an de grace mil sept cent soixante, & de notre Régne le quarante-cinquiéme. Par le Roi, en son Conseil.

Signé, LE BEGUE, avec paraphe

Regiftré fur le Regiftre XV de la Chambre Royale & Syndicale des Libraires & Imprimeurs de Paris, N°. 171, fol. 91 ; conformément au Réglement de 1723. A Paris ce 21 Août 1760.

G. SAUGRAIN, *Syndic.*

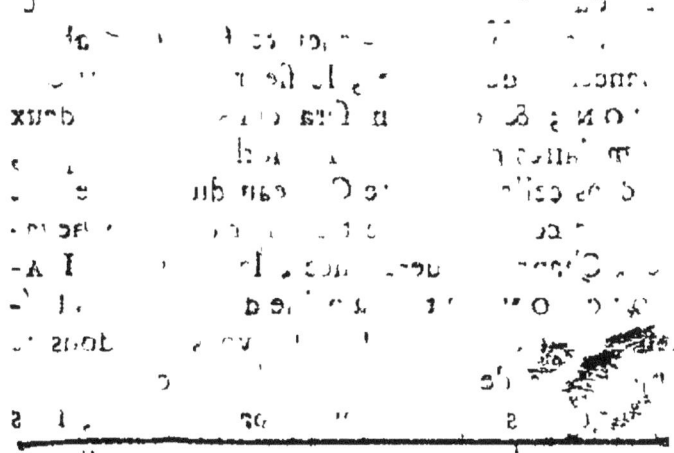

De l'Imprimerie de LOTTIN, 1760.

BIBLIOTHEQUE NATIONALE
Restauration 1975
sous N° 2852

www.ingramcontent.com/pod-product-compliance
Lightning Source LLC
Chambersburg PA
CBHW070647170426
43200CB00010B/2149